在充满
变化的世界
中不断前进

成长的挑战

[美] 迪恩·林赛（Dean Lindsay）著

朱燕楠 译　赖伟雄 审译

中国商业出版社

图书在版编目（ＣＩＰ）数据

成长的挑战 /（美）林赛 （Lindsay, D.）著；朱燕楠译. —北京:中国商业出版社，2012.8
ISBN 978-7-5044-7853-5

Ⅰ．①成… Ⅱ．①林… ②朱… Ⅲ．①成功心理—通俗读物 Ⅳ．①B848.4-49

中国版本图书馆CIP数据核字（2012）第186231号

著作权合同登记号　图字：01-2012-5888号

Originally published in the USA under the title
"The Progress Challenge"
Copyright © 2010 by Dean Lindsay
Published by World Gumbo Publishing

责任编辑：孙锦萍

中国商业出版社出版发行
010-63180647 www.c-cbook.com
（100053 北京广安门内报国寺1号）
新华书店总店北京发行所经销
环球印刷（北京）有限公司印制

880×1230毫米　32开　7.25印张　110千字
2012年9月第1版　2012年9月第1次印刷
定价：28.00元
★ ★ ★ ★ ★
（如有印装质量问题可更换）

赞誉众多

《成长的挑战》是一部风趣而实用的指南，它糅合了现代管理学之父彼得·德鲁克、激励大师韦恩·代尔和职场讽刺漫画呆伯特的风格于一体，教你如何赢得生意成功并追求幸福。

——珍妮特·盖利西，美国煤炭商会会长

作为维克多·弗兰克博士二十多年的朋友、同事和助理，我可以负责任地告诉你，迪恩·林赛相当靠谱！他将弗兰克博士的激励理论与当今的生意需求相结合，实在是高手。迪恩将弗兰克提出的"选择的自由"和"人类精神之抗争力量"概念应用于现代生意、销售业，有着强大的激励作用。《成长的挑战》超越了教人"放手去做"的层面，以一种通俗易懂的方式告诉我们如何去做。欲事业有成，必读此书！

——杰·莱文森博士，
维克多·弗兰克博士的前任特别助理

迪恩·林赛以一种引人入胜、寓教于乐的手法说明：如果改变对于"改变"的看法，每个人都可以成长。

——路西尼·米克斯，人力资源专家

如果你有志于销售，想成为销售冠军，你必须读本书。《成长的挑战》提出了很多销售窍门和思路，有助于提高你的业绩。迪恩的写作风格和为我们提供的营销案例，会让你拿起来就放不下。这本书我一口气读完，真是太喜欢它了。

——戴夫·诺斯特兰，
万豪国际集团东区销售副总裁

迪恩·林赛的这本《成长的挑战》，可谓在正确时间给出了正确信息。迪恩说得对，仅仅改变是不够的，我们必须成长！这本书思路好，案例实用。

——乔·卡罗威，《我就是与众不同》作者

在《成长的挑战》一书中，迪恩·林赛抓住了问题的关键，给出了真正恰当可行的解决方案，来应对在事业和生活中持续成长的挑战。

——提姆·麦克瑞，奔驰汽车金融服务，
领导力与多元化服务部总裁

迪恩·林赛写了一部准确无误的策略之书！《成长的挑战》是一本深刻的读物，明确劝导我们要抓紧时间，高效地取得成长，变中求稳，同时避免压力，最终应对挑战。在个人生活和事业上，都能做到最好。

——布拉德利·福斯伯格，毕马威合伙人

　　《成长的挑战》给领导者提供了激发积极行为的更好的解决方案。这是我第一次一口气读完关于领导力的书。迪恩·林赛向我们发出挑战，他的书吸引我们，并且带给我们激励。

——乔纳斯·米尔顿，
瑞典斯德哥尔摩 Almega 雇主协会代理副主席

　　迪恩·林赛高瞻远瞩。读读这本启迪心智的书，你也将打开新的眼界。

——迈克尔·波特，
《大思想宣言》和《夯实自我》作者

　　当今我们急需的是责任感和自立意识。这些品质正是《成长的挑战》所谈论的。阅读迪恩的书，品味书中的故事和思想的种子，有助于你帮助身边的人，使他们不仅仅是改变，而是要取得成长。别光小打小闹，去闯出一片天地吧！

——吉姆·卡思卡特，《关系营销》作者

　　我们都希望自己的想法、梦想和计划能够实现。《成长的挑战》就是最佳指南，迪恩在这本书里带给读者理解、鼓励、支持和指导，字里行间透着活力和幽默，最重要的还有体贴和关爱。

——乔尔·泽夫，《做出正确选择》作者

非同凡响！迪恩·林赛在《成长的挑战》里把一切都给理顺了。如果你认为人命天注定，请再想一下。在这本书里，迪恩提出问题并带给你鼓励，帮助你把握你渴望并值得拥有的未来。这是一本引人深思的书，是每个领导者和即将踏上领导岗位的人必读的书！

——达伦·希姆斯，曾任美国空军上校

这本书写得精彩及时，传达的信息简单强大。运用正确思维和方法，我们就能在团队里，与大家一起向着目标和梦想不断前进。迪恩的书教给你方法，还为你提供了许多鼓励和建议，使你坚定不移地取得成长。

——布拉德·克利夫兰，
国际客户管理学院高级顾问、前院长／总裁

当你准备在生活或工作中大展宏图的时候，这本书正是你的指南。书中的指导能够让你每日发挥出最大的潜能。

——马克·勒布朗，《壮大你的事业！》作者

前　言

朱莉·韦伯
美国西南航空公司高级人力资源总监

让我先声明一点：《成长的挑战》是一本很棒的书。该书不仅读来有趣，而且发人深省、切合实际、催人奋进。我推荐这本书给人事高管、商业领袖、销售主管，以及所有想要在当今世界的经济领域中闯出一片天地的人。迪恩凭借"成长六要素"向大家提供了绝好的机会，在生活和工作中有目的地创造机会去成长，而非单纯地改变。

要是我在2001年网络经济泡沫破灭之前就读到这本书，那就好了！当时我在一家软件公司工作，正经历着一个前所未有的时期，高科技企业的股价在短时间内一落千丈，我像很多人事同行一样，也在竭尽全力"引领变革"，"驾驭改变"。"9·11"事件之后，我们遭受情感重创，变得六神无主。假如有了这本书，不仅能给我们提供一个新角度，让我们审视如何变革，而且对于"现在怎么办？"这个问题，能够回答得更好。如今，我们再度陷入前所未有的经济衰退。

人事高管再度面临在萎缩经济中管理员工的挑战。《成长的挑战》是我们所有人的必读书。只有那些能够发展壮大、攫取市场份额、赢得忠诚客户和员工的企业，才会在经济衰退时继续生存。仅有变革管理不够，我们需要的是发展。不仅承诺于发展，还要坚持发展。

我有幸供职于美国西南航空公司，这家公司在任何经济形势下都真正理解什么是真正的客户和员工关怀。西南航空明白优质客户服务的关键，那就是：我们爱我们的工作，我们的公司爱我们！在招聘过程中，我们精心挑选那些天性热忠于服务他人的人成为员工。在西南航空，招聘看态度，训练重技术。的确，某些技术相当难训练，而且如果一个人没有良好态度，你根本不可能通过训练让他热爱工作、客户和同事。西南航空的使命就是为客户提供最高质量的服务，把温暖、友爱、激情和企业精神传达出来。态度恶劣怎么做得到！拥有快乐的心态不仅是我们企业的"核心价值观"，也是对每个员工的要求。

迪恩以机智幽默的方式阐释了一个道理：我们的态度，我们承受当下经济衰退并成功现身的能力，我们对实现人生目标的尝试，都取决于我们每一个人自己。我一贯相信"事在人为"。迪恩解释了为什么此话不假，还教给我们实现的方法！我们必须抓紧每时每刻在工作和生活中创造机会去成长。成长属于你和我。是的，我一定会成长。这本书太及时了。

　　谢谢你，迪恩。

目 录

第三部分
在平衡的生活中成长

第四部分
在改变中寻求成长

第五部分
生命不息，成长不止

第一部分
改变是人性，成长是神圣

甜甜圈店前的撑伞人

一个寒冷的星期六上午，大雨滂沱。9 点 45 分，我钻进汽车，开了 7 分钟，去附近的影碟租赁店，为我和孩子们租一部《海角乐园》。这是迪斯尼早期的一部经典电影，惊险刺激，用来打发阴雨的周末再合适不过了。

影碟租赁店 10 点钟开门，我一边等待，一边沿着人行道往其他店铺里探头探脑。雨势很猛，不过我并没有淋湿，因为我一直走在购物中心的雨篷下面。

在与租赁店相隔大约四家店铺的地方，我看到一位身材矮小、面色红润的韩国男子，看上去大概 50 岁的样子。他也站在雨篷下，在一家甜甜圈店的门口。这个男人手里撑着一把巨大的蓝色雨伞，面对着雨景，他身后的甜甜圈店是这一溜店铺中唯一开门营业的，店里挤满了人。

那个人就那么撑着伞站着，精神饱满，笑容灿烂。他看上去一点都不急，反倒是一副心满意足的样子。我走过他身旁，和他互致问候。

但我很纳闷。

这人到底在做什么呢？

一开始，我以为他可能在等哪家店铺开门。可是，果真如此的话，他何必继续撑着那把大蓝伞？

为什么不合上伞等？

而且，他是背对店铺的，正在朝停车场和雨里张望。

他在等人吗？也许，可他好像完全沉浸在此时此刻之中（笑容满面，双眼圆睁）。

也许他喜欢观赏雨景（我也喜欢）。

也许他在等雨过天晴，然后去取车。可那把大蓝伞不就是这时候用的吗？

而且他何必要用这么大的一把伞呢？

我转念想起曾给一家客户服务中心做过咨询，在那家公司的墙上，见过一幅标语，写的是：

我们不能向客户保证，天天都是艳阳天。
但我们能向客户保证，在下雨的时候给他们撑一把伞。

我恍然大悟。我知道他在做什么了。我转身，脱口而出："这是你的甜甜圈店！"（你要是认识我，就知道我口无遮拦。）

男人转向我，笑起来，操着浓重的韩国口音自豪地说："是的，正是。"

"你撑着伞站在这里，是在等顾客。"

"对。"他兴冲冲地回答，"我撑着伞走出去领他们进店。他们要离开的时候，我就送他们到车门边。"

我点点头，说："哇！你这么卖力做客户服务啊！"

他摇摇头，笑着说："哪里。我很乐意。"

从他的眼神和语气，我能感到他说这话是发自内心的。他真的很开心。他撑伞不仅仅是在为他的顾客，也是在为他自己。服务顾客就是服务自己。这给他带来喜悦，使他快乐。他的生意也由此兴旺发达。

这是好的客户服务吗？**当然。**

顾客会欣赏吗？**当然。**

有助于赢得回头客吗？**当然。**

撑伞会促使他的生意更加兴隆吗？**当然。**

以上种种显然有利于他和他的生意，他也乐在其中。撑着那把大伞为顾客服务，让他非常开心。他通过付出而得到。带给别人开心，自己得到开心。他在做好事，他心知肚明。他让"做好事"带给他好处。甜甜圈店主并不等天气好转再说，他专注于辛勤工作，并赢得回报！

怀着愉悦的期许。

迎接成长的挑战。

揭晓成长的挑战

让我们开宗明义：成长的挑战在于"活在成长中"，而非仅仅取得成长。每天活的成长中。如果我们想激发人们采取积极行动，在人们的心目中，我们连同自己的想法、产品和服务，必须是不断成长的；我们也必须把自己看作为不断成长的。我们个人的成长，和帮助他人成长直接相关。

本书提出一幅新颖而强有力的蓝图，使你在这个复杂、高压力、瞬息万变的世界中，在应对成长挑战的同时，取得胜利。这些概念可以帮助你激发你自己和他人的成长行为，使你的团队收获累累硕果，创造更高更喜人的业绩。

本书可能有一些想法、技巧和策略，你看了以后会觉得："这我知道。这是常识。"请注意：经过一番思索之后你会发现，它并非常识。关于常识的不幸事实是，有些事情很多人知道，却很少人做到。在事业和生活旅程中，最难走的一段旅程是，从"知道"到"做到"。

在本书中，你将学会如何运用我所说的"成长六要素"来增加你的成功机会。然而，书本上的学习并非我们的目标。我们的目标是你真正在生活和工作中应用这"成长六要素"，来提升你的成功机会。

**每个人一天到晚接收到太多信息，
以至于它们根本不起作用。**

——格楚德·斯坦（美国诗人、作家）

学习不应只是导致知道。学习应该导致运用。在这个变化无常的世界工作和成功，需要周密计划和成长性的行动。

拜访潜在客户的时候，销售人员的主要目的，是让对方知道自己在销售什么吗？错！潜在客户从桌子对面伸过手来，握住销售员的手说："感谢你来一趟。现在我知道你是做什么的了。"销售员身着正装、擦亮皮鞋、妆容整齐，可不是为了这个。销售人员的主要目的是让潜在客户：

——登记加入

——采取行动

——买点东西

——询问方案

——转介绍

——推进进程

——支付定金

——同意再次会面

——推动生意关系发展

——积极促进关系成长

这也是本书的目的。我的目的是：让你运用这些概念，创造顽强意志力，促动并维持成长，哪怕风云变幻、世事无常，依然朝着目标不断成长。

成长的挑战是这样一种挑战，它挑战你向前进，挑战你在这个变化无常、令人眩晕的世界里工作并得胜。迎接这种挑战能创造更好的领导者、更好的团队成员，以及更好的人。让我们和他人活在成长中，能赢得并加强客户的忠诚度，引发好口碑和高质量的转介绍，促进事业发展，增强工作成就感。

强大领导力、销售成功、个人动力和客户的忠诚度之间，有着紧密而重要的关联。通过在我们希望激励去行动的人们大脑中，把我们的产品、想法、建议、解决方案和服务定位为成长型，所有事情都可达成。

如何在我们希望激励去行动的人们大脑中，把我们自己、我们的理念、产品和服务定位为成长，而不仅仅是改变呢？

在这个变化无常的世界中，我们如何活在成长中？

本书提出了很多有效的指导方法；然而，本书的第一要务是，教你发展出一套适用于你和你团队的个性化方法。运用成长六要素，帮助你的客户、顾客、团队成员和同事认识到，你的想法和技能，以及你鼓励他们采取的行动步骤，将如何帮助他们成长。

助人成功，自己成功。
助人成长，自己成长。

每天活在成长中。

改变是人性，成长是神圣

将改变当做成长……不足为怪。

——米勒德·菲尔莫（第 13 届美国总统）

改变时有发生。改变不可避免。

新技术层出不穷。现有技术被迅速代替。

市场行情上上下下。

企业兼并，机构合并。

婴儿出生。孩子长大。家人离世。

天上下雨。潮涨潮落。生命演化。

我们总是处于某种形式的改变中，总是抵达某个新地方，处理新产品、新想法、新的一切。我们身体细胞内的分子在时刻新陈代谢中。我们的世界和我们的生活总在改变，却并不总在成长。我们视为改变的，会抗拒；视为成长的，就欣然接受。

成长意味着：前进的运动，提高，逐渐改善。成长有赖于自觉、品格、自律和努力。

改变不可避免。
成长是一种选择。

"成长"这个词包含着一种向前的冲力和专注，一种鲜活和卓越的品质，是"改变"甚至"成功"这两个词都传达不出来的。伴随每一次成功而来的，是取得更大成功的渴望。

当我们实现一个目标时，我们天生的进取心会告诉我们，这是迈向下一个可能回报更大、价值更高的目标的垫脚石。因此，每一次的成功都会奠定一个新的标准，也带来一个问题：下一步要做什么？

通往成功的道路总是在修建中。我们总是在为某些事情而奋斗。（我所说的某些事情，不是指某个人、某个地方或某些东西，而是一种感觉。确切地说，是六种感觉的混合。这个话题稍后讨论。）如果我们不花时间让自己浸泡在积极的信号和感觉中，持续不断的奋斗可能会令人不愉快，且有损健康。

当我们专注于每日成长，我们就能每日感觉到满足。每前进一步，我们就能看得更清晰，信心更强，位置更高，选择更多。我们运用往日成长的力量，朝着今天的目标迈进。一旦达到，今天的目标就变成明天的发射塔。

当一个新机会出现时，我们会做出主观判断，视其为成长或者改变。这个新机会也许是开始一段新人际关系，买一件电子产品，加班加点赶工，开发新产品，努力完成销售额，什么都可以。所有的成长都是改变，但不是所有改变都是成长。

比如，我肚子痛得哇哇叫："哎哟！我肚子疼。哎哟！疼死我了。这必须得改变。"

有人听见我叫，就走过来，一拳打在我的鼻子上。这是改变吗？没错，这是改变，但不是成长。也许对那个打我的人来说是成长，对我来说肯定不是。

对一个人或一群人好像是成长（好的），对另一个人或另一群人也许是改变（坏的）。焚书、战争和谋杀，在某种程度上都被那些恐怖的作恶者视为"发展"。因为发展是主观的，没有哪个因素能够明确界定一件事代表的是发展还是改变。

然而，我们可以说，当我们做以下事情时，都是为了成长，而非只是改变：

——开创生意

——招聘员工

——团结协作

——做困难的选择，打艰难的电话

——跟难缠的客户交涉时保持冷静

——接电话

——花费辛苦赚来的钱

——节食加上锻炼

随着年龄增大，我们意识到，缓速的改变也可以是成长。试想，一个四十岁的游泳好手，努力追平了自己五年前的最好纪录，这时，保持原来的水平就是成长，因为这避免了事情变得更糟糕。

我们不想要只是改变生命的产品、服务、经历、想法和机会，我们想要的是使生活变得更好的产品、服务、经历、想法和机会。

我们应该警惕，不要把单纯的改变当做成长。某些东西新奇时髦，并不意味着它就合适我们，或能给我们的生活增添意义。我们生活在一个不断制造改变的世界里；由于所有的成长都是改变，那些声称"100% 抗拒改变"的人，往往在抗拒成长的可能性。

改变是人性，成长是神圣。
每天活在成长中。

向亚历山大·蒲伯致敬

如果 18 世纪的英国诗人亚历山大·蒲伯活到今天，他很可能是一位微博达人。他写下了那句警世名言：犯错为人，谅解为神。据说蒲伯是第三位作品最常被引用的英语作家，仅次于莎士比亚和丁尼生。

思考和成长：成长还是改变？

1. 这个世界发生了哪些重大改变？

2. 你在自己的职业生涯中看到了哪些改变？

3. 哪些改变正在影响你的个人生活？

4. 你如何才能专注于每日成长？

5. 对你来说，发生什么样的大改变意味着成长？

6. 对你来说，发生什么样的大改变不是成长？

7. 你正在为什么而奋斗？

8. 你下一个奋斗目标是什么？为什么？

9. 成长对你有什么意义？

10. 你的生活中，哪些方面正在成长，哪些方面仅仅是
    在改变？

> 我们都想成长，可是如果你正走在歧途上，成
> 长则意味着掉转头，走回正路；那样的话，最
> 快掉头的人，成长最大。
>
> ——C. S. 路易斯（英国作家、思想家）

理由创造行动

激励产生成长？

很久以前，我在《快速成长公司》（Fast Company）杂志上读到一则滑稽漫画，画的是两条一起游泳的鱼，其中一条嘴上挂着一只鱼钩。它说："噢！那两分钟真把我吓坏了。不过，我现在成了激励演说家，发大财了。"

这些年来，我屡次被人说成是激励演说家。

一开始我不以为意。我印象中的激励演说家是那种虚情假意、有点造作、过度热情的"大红人"。他们奔跑着穿过人群，跟每个人击掌，然后纵身一跃跳上讲台，大声宣讲他"从穷光蛋变成大富翁、再变成穷光蛋、然后再变成大富翁"的故事。然后，他可能会鼓励听众对邻座的人反复念叨"我是……我会……我能……"这样的咒语，做深呼吸，再极尽煽情之能事，说些"掏心窝子"的话，然后痛痛快快大哭一场。

然而，在探索激励的根本意义时，我终于意识到：我们每个人每一天都需要激励，我们每天也有很多激励他人的机会。

——好领导者激励他人
——好父母激励孩子

——好的销售人员激励顾客

——好的客户服务代表激励客户

——好老师激励学生

我当然最好能激励他人，你也当然最好如此，否则别人怎么会聆听我们、使用我们的服务、雇佣我们、跟随我们呢？

每一个人都有激励之心，然而是否愿意被激励，纯属个人选择。我不能激励你，你也不能激励我。我能激励，你也能激励，但谁都不是别人的激励因素。唯一能真正激励你的人就是你自己。

激励是内心的火焰。如果要靠别人为你煽风点火，这把火恐怕烧得时间很短。

——史蒂芬·科维，《高效能人士的七个习惯》作者

激励的英文词 Motivation，可以被分成两个词：Motive（动机、动力）和 Action（行动、行为）。

动机是促使一个人做出某种行为的内在驱动力。也可以说是"理由"、"企图"、"意图"。

行动就是做某件事情的具体行为，例如：做，借，阅读，表演，尝试，签署，出席，吃，移动。

因此，激励就是激发行动、行为、尝试的内在驱动力。

简单来说，就是：理由创造行动。

正如莎士比亚在《约翰王》（*The life and Death of King John*）中写道："强大的理由催生强大的行动。"我们往往死盯住一个目标，却没有关注和留意目标背后的动机。

**不是目标激励我们，
而是目标背后的内在理由，促使我们去行动。**

一旦认清是内在理由激发外在行为，我们就会发现，真正的敌人来自内心。这些内在毒素包括：

——自我怀疑

——恐惧焦虑

——缺乏耐性

——三心二意

——拖延

——紧张

——自我管理差（时间管理能力差）

——苛求完美

——害怕成功

　　我们很多人并不需要向周围环境妥协，而是需要重新认识到自己不切实际的期望和设置不当的目标。明确的理由有助于我们觉察到内在压力，而这是专注所需要的。

　　我们必须挖掘根源，提醒自己，推动我们前行的行动，背后有着什么理由，以及这样做有什么好处。我们要帮助我们希望激发的人们认清这一点。要告知客户、顾客、同事和员工，让他们看到，通过与我们合作，他们能够向前迈进，而这是在这复杂多变的世界中工作和取胜的一个重要因素。

　　改变并不总是向前。你要时刻提醒自己，达到你的目标和企业目标，会给你带来哪些个人利益，以此强化你的承诺。每一天，我们都有机会选择使自己成长。

　　每天活在成长中。

思考和成长：理由创造行动

1. 你的目标背后有什么样的理由？

2. 你的理由如何驱使你行动？

3. 你如何才能变得更有动力，更执著于目标？

4. 你如何帮助其他人发现、认识到并拥抱他们自己行动的理由？

5. 你为什么这样做？

6. 你的行动背后有什么理由？

7. 你需要什么样的强烈理由，才能采取强大的行动？

8. 你如何产生内在动力？

9. 你如何鼓励其他人培养内在动力？

10. 你有动力去做什么？为什么？

懂得为什么而活的人，几乎什么都能忍受。

——尼采

做一个成长中介

我们希望激励去行动的人们（下属、生意伙伴等）必须相信，我们的想法、产品和服务，以及我们的带领，会帮助他们向前走。我们必须先建立牢固的信任，才能指望人们下决心调整生活，接纳我们。

我们必须被视为他人成长的催化剂和中介。
我们必须成为成长中介。

成长中介奉行"活出和帮助成长"的理念。我们直面一个困难的境况，积极采取行动，创造出对相关各方（包括我们自己）都有利的局面，并因此而发展壮大。我们持续不断说和做一些我们相信有助于自己的企业、同时有助于客户和同事在这个改变的世界中成长、发展、成长、改善、大步前进的事情。

成长中介懂得信任是建立一切积极的长期人际关系（我们和自己的关系也不例外）的基础。我们知道迎接成长挑战的关键，就是让他人相信，我们正在而且一直会不断成长。成长中介知道信任是成长的期许，而不是成长的保证。信任是脆弱的，但只要我们持续不断地促进自己和他人成长，它就能得到强化。

成长中介通过了解客户、员工、同事和朋友，发现他们独特的成长参数。对于我们希望激励去行动的人们，我们越设身处地为他们着想，就越能知道成长对于他们意味着什么。这样我们便能阐述我们的提议、想法、产品和服务能给他们带来什么利益和价值。

思考和成长：揭示他人的成长参数

1. 成长对于我们希望激励去行动的人们意味着什么？

2. 他们在人生中追求什么？

3. 他们的兴趣是什么？

4. 他们的目标是什么？

5. 他们为了什么而奋斗？

6. 他们行动的理由是什么？

7. 他们的理由如何驱使他们采取行动？

8. 如何才能说明你的产品和服务对我们希望激励去行动的人们意味着成长？

9. 如何才能说明你的想法、建议和解决方案是成长的？

10. 你如何才能在他们心里成为成长中介？

成长领导力的兴起

变革管理过时了

"变革管理"这一商业术语流行已久。这个术语指的是，在一个团队的发展过程中"引发重大改变"。这种改变的内容，可以是改变企业文化以容纳多样性，可以是调整个人职责以增加企业士气和忠诚度。"引发重大改变"的目标是明确的，可是这些字眼的激情在哪里呢？

"变革管理"一词的问题是，没人真正渴望改变或计划改变。我们渴望和计划的是成长。

我们希望管理者管理我们的改变。
我们希望领导者领导我们成长。

让我们把"引发重大改变"确切地（或恰当地）称为：成长领导。在这个频繁改变的时期，有承诺的领导人——成长中介——应该专注于激发成长，而不是为改变辩解。成长中介不是简单地告诉别人去做什么，而是将他人纳入成长的过程。它塑造、孕育并维持理由，以便创造达成预期目的所需要的行动。

当企业的行动理由和作出行为改变的人直接相关时，"引发重大改变"才会取得最大成功。如果行动理由与个人无关，预期的成长将被视为单纯的改变，遭遇抗拒或不执行，造成人在心不在的局面。

> 假如你想造一条船，不要召集众人去搜罗木材，
> 也不要给他们分配任务和工作，
> 而要教他们去向往无边无际的大海。
>
> ——安东尼德·圣·埃克苏佩里（法国作家、飞行员）

成长中介承诺于积极影响他人的思想感情，同时监督行动。我们生活在一个相互影响的世界里。我们受他人的影响买这个，信那个，参加这个活动，出席那个活动。这并非坏事。大多数时候是有益无害的。我们在父母的影响下决定不去玩火。我们在好友的影响下决定不穿条绒裤子。你可曾极力推荐过你的朋友去哪家餐厅？这时你在影响朋友。你可曾因为朋友的推荐去看哪部电影？这时朋友在影响你。

**让人做事的办法只有一个，
就是让对方真心愿意去做。**

——戴尔·卡耐基

戴尔·卡耐基早在 1936 年就写作了《如何赢得朋友和影响他人》（中文版译名《人性的弱点》）这部经典著作，其蕴含的智慧火花直今仍熠熠生辉、光芒不减。这本书充满了真知灼见，教人如何提升他人、让别人感觉好，"推动他人奔向成功"，从而主导并建立牢固的关系。到底谁赢了呢？是你和我，还有被提升、被影响、被推动奔向成功的人，也就是被影响和引领的人。

卡耐基先生在这本书中鼓励我们：讲对方感兴趣的话，尊重对方的观点，真诚地努力从对方视角看事情，让对方乐意去做你建议的事情。换言之，要真诚关心他人，关心他人的感受。

但卡耐基并非只是让我们为这些人的利益而尊敬和让他们高兴。书中甚至没有论及关心他人感受是符合道德水准的表现（虽然我肯定卡耐基会同意这个说法）。这本书非常明确地指出，关心他人感受有益于关心对方的人（或企业）。

在转变时期，密切关注个人感受常被形容为"变革管理的人性一面"。这种提法总令我迟疑。

提到生意的"人性一面"，另一面是什么呢？有人说，是代表企业利益的一面。

如此说来，企业和人是对立面？这就是症结所在。企业是由人组成的，人们协同合作、互相帮助以实现愿望、满足需要。那些不重视个人、不为成长的人性作打算的领导人，肯定会经常抓耳挠腮，想不通他们的计划错在哪里。

使全球化充满人性，使人性全球化。

——古伦神父

带领人们成长需要的不只是主管、经理或"先锋人物"之类的头衔。我们都希望与人们搞好关系，也希望与给我们的人生带来成长的团队合作。

没有去执行的个人承诺，新的组织计划和新举措往往实现不了。想要保证执行力，在生意、策略和团队成员之间，必须建立明确的联系。成长领导力意味着努力理解并传达团队成员的个人目标、如何与团队目标相契合，从而催生出使团队成员行动起来的主人翁意识——他们想做，而不是不得不做。成长领导力意味着努力帮助他人找到工作的意义。

**当人把他所做的与他所看重的联系在一起，
意义就产生了。**

——维克多·弗兰克

一家企业越做越大，并不意味着它就是在成长。企业无论大小，面临的严峻挑战都是成长，而不单是改变。把注意力从变革管理转向成长领导力，从给人们施加力量转变为在人们当中创造力量。成长中介从而创造出这样一种工作氛围：员工都以主人翁的心态，尽心尽力地找寻下一步迈向何处。

告别变革管理。
迎来成长领导力！

卓越成长领导力的快速步骤

- 专注于激励成长（而不是为改变道歉）。

- 关心和倾听。更多地关心和倾听。

- 了解团队成员的成长参数。

- 帮助设定团队成员期望值。

- 用心倾听，但对事不对人。

- 喝水。更多喝水。

- 对工作充满激情。

- 对团队充满激情。

- 对生活充满激情。

- 由衷地称赞。

- 由衷地微笑。

- 睡眠充足。

- 阅读好书。

- 充满耐心。

- 适当运动。

- 表现敏锐。

- 目光犀利。

- 成为成长中介。

- 分享专业知识。

- 强调成长。

- 通情达理。

- 健康饮食。吃好早餐。

- 充分发挥个人潜能。

- 做按摩。再做按摩。

- 提问题时表现尊重和重视。

- 与自我激励专家为伍。

- 珍视并培养建设性沟通机制。

- 设定不断成长的个人和团队目标。

- 帮助他人以积极心态对待工作和生活。

- 迎接成长的挑战。

- 每天活在成长中。

协同成长

> **给我一个有目标的仓库保管员，我将还你一个
> 创造历史的人。给我一个没有目标的人，
> 我将还你一个仓库保管员。**
>
> ——J. C. 彭尼（美国百货业巨头）

我们每个人都有个人目标。我们合作（任职）的企业也有企业目标。这并不矛盾，这应该是大好消息。逐步实现个人目标的最有效方式之一，就是团队协同合作。

我们在那儿工作是因为相信，通过实现企业（或者团队）目标，我们一步步接近个人目标。如果我们不这样相信，就不会（至少不该）在那儿工作。的确，员工和雇主的关系有时是对立的，一个员工做某项工作，也许因为他需要钱、并且认为自己没有更好的出路。然而在每个层面，每个人都在争取个人成长。连总裁也不例外，因为他相信通过与企业合作，他正在稳步迈向自己的个人目标。

**企业强盛有赖于团队成员的个人目标，
以及团队成员相信，
企业成长有助于他们迈进自己的目标。**

没有个人目标的人是"出工不出力"的员工、业绩差的销售员、前后矛盾的客服人员。青年人很多时候成不了最佳员工，主要原因就在于此。并不是因为他们懒惰（有些人的确很懒，有些成年人也是如此），或者工作态度不好，而是因为他们没有一个与工作紧密相连的理由。反过来，假设一个 17 岁男孩想在 18 岁生日时有一辆车，而且只能自己买，他必须要买到，他会成为一名可靠员工吗？很可能会的。

为什么？因为他有承诺，他的理由和工作成果紧密相连。他与企业协同成长。

为了让团队成长，团队成员必须相信他们自己也在成长。团队成员必须相信，当他们奋力去实现团队目标时，他们正在实现个人目标。如果一个企业的目标与团队成员的个人目标不吻合，两者都不太可能实现。

当销售人员想买房、买车或决定要孩子的时候，销售经理应该高兴，因为这个时候，人们就有强烈理由去采取有力量的行动了。他们有了强大理由走出去，去做销售。

当我们的企业发布新产品，与别的公司合并，或有新的发展模式，人们自然会想：噢，不妙！我又要学别的东西了；我又要做别的事情了。

可是想想看，假如公司领导层说："我们没有如何赚到钱的办法了；我们没有如何成长的新思路了。你去给我找一些来！"这岂不是糟糕得多？

我们应该对新举措感到欣喜、兴奋，甚至放心，因为决策者（应该是心里有数的）相信自己有了帮助企业成长的想法，这些想法反过来也会帮助我们成长。

即使没有"工作"，我们仍拥有个人目标。即使是不愁生计的"富×代"，也必须找寻方式向前迈进。

我们与团队协作，因为我们有目标。通过协同合作，我们一步步迈上实现目标的台阶。企业拥有慎重考虑的坚实目标，会让我们更容易实现自己的目标。我们帮助企业成长的同时，企业也帮助我们成长。

企业与员工协同合作，共同成长。

思考和成长：协同成长

1. 你为什么要工作？

2. 你如何为你的团队而成长？

3. 你的团队如何为你而成长？

4. 你如何为那些与你合作的人而成长？

5. 你的团队目标是什么？试举两例。

6. 朝这些团队目标努力，如何能成为迈向个人目标的台阶？

7. 实现这些团队目标，将如何加速你个人目标的实现？

8. 你的团队帮助你躲避痛苦吗？如何做到？

9. 企业有过什么本可以使你成长的新举措，遭到你的抗拒？

10. 在工作中，你如何当好成长中介？

你必须接受，无论你在哪儿工作，
你都不仅仅是一名员工，而是经营着一个企业，
这个企业里唯一的员工就是你自己。

——安德鲁·格罗夫（英特尔前总裁）

Section 2

第二部分
成长六要素

The Progress Challenge

chacuba
Grazi
Gracias
Obrigado
Dank U
Merci
mahalo

成长法则

成长六要素综述

成长法则：我们所做的每一件事，之所以达成，是因为我们自觉不自觉地相信，那些行为的预设结果，将使我们感受到六种核心感觉，我将这些感觉称为：

成长六要素　　　**心安**

　　　　　　　　　　愉悦

　　　　　　　　　　利润

　　　　　　　　　　荣誉

　　　　　　　　　　躲避痛苦

　　　　　　　　　　力量

我们根据以往的经验、教育、他人的影响和自己的想象，来预设结果。**预设的结果**就是我们认为将会产生的结果。我们预设结果，采取行动，继而感知实际结果。实际结果也许出乎我们的预料，但结果总会产生，我们也总会体验到成长六要素。

成长法则之所以是一种挑战，因为，当你以感受成长六要素的好组合为目标时，这个目标常常实现不了。你在努力达到某个目标的过程中，成长六要素的恰当组合才能作为副产品被感觉到。所以我们一定要：

　　——力争卓越
　　——追求更高目的
　　——努力争取达到目标
　　——为成长而工作

我花了很多年的时间，钻研众多世界顶尖学者在动机与承诺等领域的研究成果，总结出了成长法则和成长六要素。在研究过程中，我发现自己颇为倚重奥地利心理学家、意义治疗法的创始人维克多·弗兰克的工作成果。

因为生命的意义因人而异，每日每时都会改变，
所以，至关重要的不是生命的普遍意义，
而是一个人的生命在某一时刻的具体意义。

——维克多·弗兰克

我认为，正是通过对感受成长六要素的渴望，以及对于如何感受的信念，我们得以在任意时刻确立维克多·弗兰克所谓的"意义"。我在后面专门用一些篇幅介绍了这位大师的观点、经历和工作。

虽然我对弗兰克的了解大都出于自学，但我荣幸地参加了第十三届和第十七届维克多·弗兰克意义治疗学国际会议。在十三届国际会议上，我初次遇见该学会全球理事会主席罗伯特·巴恩斯博士及其夫人多萝西·巴恩斯（教育学博士，也在该学会的全球理事会任职）。

我是国际会议上唯一姓名前头没有哲学博士、教育学博士等等头衔的人。我是迪恩·林赛，不过在这个圈子里，我的名字没有什么用。

巴恩斯夫妇很快跟我交上朋友，还邀我一道吃午饭。饭桌上，他们兴致勃勃地问我怎么这么了解弗兰克的工作以及为什么参加这次会议。我向他们讲述我的研究，还怯生生地跟这两位令人尊敬的教育家介绍成长法则，即成长六要素的概念。我阐述了自己的理念，认为我们对感受这些感觉的渴望，帮助我们确立人生意义，从而促使我们采取行动。罗伯特露出灿烂的笑容，点着头，显得挺满意。多萝西也露出微笑，却若有所思，像是在细细揣摩六要素的概念。

我们转移话题，聊起家庭、旅行。又聊了一阵子，多萝西忽然信心十足地说："迪恩，我相信你的成长六要素总结得挺靠谱的，我有切身感受：几年前我就想减肥，可是一直没减成，直到开始和罗伯特商量要拍一张结婚 30 周年纪念照，我才真正有所行动。之所以最终行动起来，是因为我知道照片会刊登在报纸上。我们结婚 30 周年，整个社区和所有朋友都会看见。我想感受到拍出漂亮照片带来的愉悦和荣誉感，也想避免不上相的痛苦。总结得好，迪恩。"罗伯特·巴恩斯博士又露出微笑，点着头，显得挺满意。

我为之一振，激动地说："哇，谢谢你！"这是第一次有我敬仰的人告诉我说，我做的事情挺靠谱。我经常心怀感激地想起那顿午餐和那次谈话。谢谢你们，巴恩斯博士夫妇。

市场营销和广告人员懂得成长六要素（虽然他们并非这样称呼它）。每一则好的广告，归根结底都是在表现某项产品或服务如何帮助买家感受到愉悦、心安、利润、荣誉和力量，同时减少或躲避痛苦。我们从一个包含无限可能的行动清单中选择，为的就是努力达到预设结果，从而感受成长六要素。这些行动有可能是：

——当志愿者，分发食物

——跟恼怒的客户交涉

——清理车库

——打销售电话

——外出吃饭

——给孩子读书

——祈祷

——缴税

——喂猪

——睡觉

——看电影

——签合同

——举重

——绿色出行

——写这本书

——在网上流连

——洗衣服

——雇佣新员工

——开除员工

——买新鞋

——倒垃圾

只有当我们相信这些行动有助于我们综合感受成长六要

素的时候，以上每一个行动才具有积极意义。

我们都是受个人利益驱动的。这不一定是自私心理。即使我们渴求的结果是让别人感受愉悦或躲避痛苦，这也给我们带来一种出于同情心的、混合着愉悦、心安、利润、荣誉、力量和躲避痛苦的综合感受。若非如此，我们就不会行动。我们付出，与其说是出于好心，不如说是因为在付出时感到心里舒服。

绝大多数人都知道，给生活增添乐趣，服务他人，同时自己也受益颇丰，甚至有助于躲避痛苦。事实上，当我们开始明白这一点时，就会发现，给予最多的人最终得到最多。

如果你帮助足够多的人得到他们想要的，
你就能在生命中得到你想要的一切。

——金克拉（美国激励大师）

（我知道这句话有被过度引用之嫌，但用在这里十分贴切，
金克拉真是说到了点子上。）

困扰我们自己和他人成长的一大障碍，就是并没有什么是真正引发一个人感受到成长六要素的。产品、服务、想法

和企业能够提供愉悦、心安、利润、荣誉、力量，免除痛苦，可是它们在本质上并不引发感受，正如没有什么外在事物会真正引发焦虑或快乐那样。

能给你带来安宁或荣誉的，可能对我无效。比如：多少钱会使你觉得富裕或感到心安？调查显示，无论实际收入多少，大部分人都说，只要工资、储蓄、零花钱再多三分之一，他们就会明显更快乐，更满足。

其实，感受六要素完全是我们的选择。伴随着选择的力量而来的，是成长的挑战。我们在起身迎接这种挑战的过程中，确立了行动的意义乃至生命的意义。我们每个人所做的决定，比如穿什么、联系谁、做什么、帮助谁、不帮谁，都取决于我们自觉或不自觉地相信，这些行动是否会在短期或长期内使我们感受到成长六要素。

在潜意识深层，我们不断问自己：采取这个行动（买这件产品、换供应商、雇这个人、接受这些条款等等）是否有助于我感到愉悦、心安、利润、荣誉和力量，且有助于躲避痛苦？

这时候，我们其实是在问自己：

这个行动将会导致我成长，还是仅仅会导致更多改变？

成长按语：

除了维克多·弗兰克的工作，我还悉心研究了众多大师的思想，包括汤姆·彼得斯、拥抱博士利奥·巴斯卡利亚、潜能开发大师安东尼·罗宾、质量管理专家爱德华兹·戴明、销售天王汤姆·霍普金斯、领导力大师约翰·麦克斯韦尔、自助导师韦恩·代尔和奥格·曼狄诺、管理大师肯·布兰佳、成功学大师丹尼斯·魏特利，还有独一无二的金克拉先生。为了在睡觉时将他们的理念渗透进我的潜意识，我一边睡觉，一边播放录音带（没错，是录音带——这是很久以前的事了），伴着某位大师的激情演讲入眠。

接下来，让我们近距离审视成长六要素。

心安

> **每一个目标，每一次行动，每一缕思绪，每一番感受，无论自觉不自觉地，都是为增强内心安宁而作的努力。**
>
> ——西尼·马德威

如果要我从成长六要素中选出一种人们最常追求的感觉，那就是心安。简言之，心安就是接受和满足。心安意味着内心平和、思绪安宁、问心无愧、泰然自若、心满意足；也意味着心里不紧张、不焦虑，波澜不惊。（听起来很不错，是吧？）

心安是一种宁静和谐的状态，晚上轻松入睡，白天轻松生活。如果要我举例说明谁是享受心安的典范，我想到的是老牌乡村歌手吉米·巴菲特。吉米肯定时常碰上烦心事，但我很难想象他最后还是找不到那丢失的盐瓶（出自他著名歌曲的歌词）——至少不会总觉得不是滋味。

"

　　强有力的关系令人心安。保险令人心安。好的福利待遇令人心安。银行存款令人心安。行业的利好消息令人心安。有意义的工作令人心安。安全带令人心安。拿到优质的转介绍令人心安。接受优质的客户服务令人心安。同样，我确信提供优质的客户服务也令人心安。

　　人们大都认同，安宁的内心是健康的，反之，心头焦虑、被懊悔和烦恼压迫是不健康的。意外情况时有发生：行情改变、水源干涸，而真正由我们完全掌控的是我们的行为和反应，明白这个道理令人心安。当我们开始从健康有利的角度看待这个世界和它提供的机遇时，我们最有可能感到心安。

要心安，就不要当宇宙大总管。

——拉里·艾森伯格（美国科幻作家）

　　心安也会关乎一种属灵状态或这样一种心态：因见多识广且通情达理，以致在面对紧张和纷乱时、保持积极自信的心态。在气恼时感觉心安实非易事。原谅自己和他人，冰释前嫌，这是心安的先决条件。

心安并不意味着缺乏见识、盲目乐观和脱离现实。内心安宁的人可能明察秋毫并与现实息息相关。无论外部环境衰退还是出错，都对自己有信心，相信自己有能力做出好的抉择，这令人心安。知道自己正在尽最大的努力成为最好的自己，就能得到心安。相信自己能在这个改变的世界中工作和取胜，给了我们保持内心安宁的勇气和信念。

给人们提供心安。
每天活在成长中。

客户关怀之道

赢得并维护客户的忠诚

在挑战重重的客户服务中，心安如同氧气，至关重要。当然，愉悦、利润、荣誉、躲避痛苦和力量也是人们所渴求的，但首先，客户需要的是安心和信心，唯有我们的关怀才能提供。持续不断地向客户表明我们关心、知晓，并承诺帮助他们成长，是维护关系和生意的生命力。我知道自己在说什么。我不想夸口，但我就是一名客户。自从第一次拿到零花钱，我就是一名客户了。相信你们一定也是客户。

作为客户，我们的心安来自客服代表倾听我们的问题并捍卫我们的利益。我们的心安来自相信销售代表正在为我们谋求最大利益。我们的心安来自员工们从神情举止流露出来的敬业精神。

但是，我们万万不要以为，提供优质客户服务仅仅是为客户所做的事情。我们不该和自己开玩笑。应该承认，提供优质客户关怀也增强了我们内心的安宁。我们的很多目标都是通过服务客户实现的。我们甚至头戴"为您服务"帽子的一个主要原因，就是为了能在晚些时候戴上"为我服务"的帽子。我们为他人的服务，就是服务我们自己。将提供无与伦比的服务带来的个人利益牢记于心是有益的。

我们有时候不愿意为客户服务，但时刻都想为自己服务。甚至有时候，客户也许粗暴无礼、喝醉了酒，不配享受我们的最佳服务，但我们自己肯定渴望获得最佳服务。所以我们应该牢记，赢得并维持客户的忠诚，对我们的内心安宁和个人成长起着重要作用。

想获得最大的职业保障？服务客户。

想减压？提供令人称道的客户服务。

想让养老金越来越多？服务，赢得客户的忠诚。

担心企业萎缩？服务客户。

想让公司更盈利？服务客户。

想要更多小费？服务客户。

想在工作中得到更多乐趣？为那些老板服务。客户就是你的老板。

想要更多广告费？为客户帮忙、服务并成长。

想减少广告的需要？每天活在成长中。

想要成就感？服务。

想让客户感觉心安？服务。

想要由客户忠诚带来的心安吗？你猜着了……**服务客户**！

我们只有一个老板——客户。
只要他把钱花在别的地方，
他就能开除公司里所有人
——从董事长到普通员工。

——山姆·沃尔顿（沃尔玛创始人）

给予客户心安的期许，就是给予自己心安的感觉。这是我们奋力维护客户忠诚度的原因，由此我们确信自己拥有一个坚实、活跃、不断壮大的客户基础。这种认识确实有助于我在晚间安心入睡。你呢？

客户服务确实带来回报——不仅仅是代表丰富的"黑桃"；我们发出去的牌还有"红桃"——代表更加快乐的客户之心和劳碌一天的满足之心；"方块"——代表更高报酬和更低人员流失率；"梅花"——代表销售增长和企业成长的"幸运"。（比喻虽然牵强，却有趣。）

一旦忽视这场优质服务竞赛所包含的个人动机，我们便开始无视客户的利益。这既让客户不高兴，导致投诉，也砸烂我们的饭碗，使我们不得不找其他工作。

客户服务给人的印象往往是：一群反应慢、脾气坏、见识短的客服代表，千篇一律地照本宣科。再加上等候时恼人的音乐、过时的电脑程序和难以浏览的网站（没有一样给客户心安的感觉，或六要素中的任何一个），你就拥有了完备的客户伤害大法，即失败之道。客户紧张而无助地离开，认为这家公司根本不在乎他们的安康。

只是口头上说提供良好的客户服务，再也行不通了。每家企业、每个团队都说自己提供良好的客户服务，强大的客户服务，甚至星级的客户服务。

你绝对听不到一家企业吹嘘自己的劣质服务。"我们的客户服务总的来说很差劲，但我们的确有表现好的时候，不妨买点什么吧？"

很多形容词被放在"客户服务"一词之前，用以调动某种积极性，来为客户提供积极的服务。这些词包括：惊人的、高级的、特别的、非凡的、超级的、多元化的、国际水准的、醉人的、高效的、极品的、突破性的、卓越的、神奇的、优质的、五星级的，等等等等。

客户服务的定义里尽是模糊的概念，正是这些模糊的概念造就或者毁掉一家企业。在当下竞争激烈的市场环境中，服务是一家企业必须提供的最重要的东西。

服务的成长导致销售的成长。

很多企业靠特价赢得客户，却因提供劣质服务失掉新生意，让竞争对手捡了便宜。当两家、十家、二十家企业提供看似同样的产品或专业服务的时候，优质客户服务能使企业脱颖而出。

需求是不可否认的，概念是简明易懂的，培训是全面扎实的，然而积极主动的客户服务就是不出现。人人盼望优质服务，愿意提供者却寥寥无几。我们不妨拓宽视角，看看客户究竟是什么。

受我们的所作所为影响的任何人（包括家人和自己，无论正面或负面的影响），都可被视为我们的"客户"。以这种更宽的视角，我们看出真正的服务是基于诚信、关怀和真心，这些都无法用金钱衡量。也不能自动化操作，无论录音电话的女声是多么温柔妩媚。

遗憾的是，一旦某个团队给某些人贴上客服代表标签后，其他人都以为自己摆脱了"客户关怀"的桎梏。这是不对的。我们统统在做着客户服务的生意，别无其他生意。事实上，没有客户，就没有生意可言。

我们团队中的每个成员，都是一名"客服代表"，无论其头衔或职务是什么。我们都在为他人服务，这些人就是客户。

不是客户依赖我们，是我们依赖客户。别误解我的意思！服务的态度并不是奴颜媚态，而是一种友善和甘愿的态度，甘愿帮助他人成长。

赢得并维护客户的忠诚。
让客户心安。
每天活在成长中。

思考和成长：定义你的客户关怀之道

1. 你为什么服务？

2. 你为谁服务？

3. 谁是你的客户？谁不是你的客户？

4. 谁应该提供客户服务？

5. 作为一名客户，你如何定义客户服务？

6. 作为一名企业主、客服代表或销售人员，你如何定义客户服务？

7. 在你的企业里，谁不必专注于客户服务？

8. 成功地服务客户给个人和集体带来什么回报？

9. 没能提供客户期待的"好服务"，带来什么后果？

10. 提供扎实的客户服务，如何使你成长？

客服代表七个令人难以忍受的习惯：

习惯 1：对客户的顾虑反应迟钝

习惯 2：刚上班就盼下班

习惯 3：把首要事务放到最后，并且不安排时间去做

习惯 4：认为非输即赢，或非赢即输——必有输赢

习惯 5：设法先开口，接着挂电话

习惯 6：审查客户的需求，看值不值得为之劳神

习惯 7：磨砺口舌，用以对付客户和同事

思考和成长：心安十问

1. 你和你的服务、想法、产品、领导风格、生意计划以及文化，如何给予他人内心的安宁？

2. 与你共事或为你做事，能否获得内心的安宁？果真能？是什么样的？

3. 在我们希望激励去行动的人们的心中，你和你的团队如何才能被看做使人心安的人？

4. 客户得知你和你的公司承办他的生意，是否感到安慰或觉得放心？为何如此？

5. 实现你孜孜以求的目标，将如何给你带来内心的安宁？

6. 向着你的目标努力，如何给你带来内心的安宁？

7. 你如何才能帮助同事、员工和客户在其工作以及与你的工作关系中感到更加心安？

8. 你应该改善生活和事业的什么方面，以获得更多心安的感觉？

9. 你的客户服务（内部和外部的）如何使人感觉心安？

10. 你如何带给别人心安的期许？

客户是生产线上最重要的一环。

——爱德华兹·戴明

愉悦

幽默、卫生、整洁的店铺、实在的目光接触、公道的价格、友善的同事和客服代表、真正关心员工安康的领导，都起着激发愉悦感的作用。愉悦是一种感谢、快乐、喜悦、高兴、满足的心理状态。愉悦感能作用于心理、身体、感官或情绪。愉悦感可以源于物质享乐或低级趣味、娱乐消遣，甚至是注意力的转移。愉悦感也可以在成就和行善中获得。

使人愉悦的难处在于，愉悦源自一个人本身的喜好和意愿，成长六要素也全都如此。激发愉悦感的方式有无数种，取决于一个人如何感知愉悦。某些人经由赏识、舒适、娱乐、游戏、业余爱好、成就和服务感受愉悦。音乐、性爱、吸毒、写作、慢跑、吃甜点，几乎任何可以想见的活动，甚至某些形式的痛苦，都能引发愉悦感。通过逐渐了解我们希望激励去行动的人们，我们能够与他们分享并提供健康的愉悦。

我们——尤其是客服代表——被鼓励"向话筒微笑"，就是要带给别人愉悦。我们带着微笑打电话时，声音里会有一种微妙的轻快调子，电话另一头的人能听出这种轻快，它给人以愉悦。

承诺使人愉悦是有利可图的。如果接到意见反馈的人说话令人愉悦，一位不满意的（甚至是抱怨的）客户，会以更平和的口气陈述意见。愉悦的反面就是不悦。资质较差的竞争对手赢得我们的客户，纯粹是因为我们这边有人提供劣质服务，致使客户不悦。

服务中可以且应该有愉悦感。要在取悦中寻找愉悦。要享受帮助同事、员工以及客户成长的机会。我们可以从所做的工作以及共事的人身上感受愉悦。我到世界各地出差的时候，在入境时、经常被问及出行是生意还是游乐。我总想说二者都有。我喜欢我的工作，它带给我很多乐趣。我希望你的工作也是如此。

带着笑容来做事，特别容易做成事。

喜乐是绝佳的激励因素。我们大都愿意全身心投入一个积极向上的工作环境，在那里我们感到自己被倾听、被赏识。所以，为什么不制造一些欢声笑语呢？寻找工作中的乐趣。做快乐源泉。

美国西南航空公司常被誉为拥有乐观向上、充满爱心的企业文化。你知道谁从西南航空的文化中获益最多吗？不是你和我，虽然你和我享受到了优惠票价、友善服务和准点航班。

　　从西南航空的文化中获益最多的，是西南航空的员工。他们全都（至少是绝大多数）乐在其中。身为西南航空的员工，他们获得了极大的愉悦感（以及成长的其他几种感觉）。

　　西南航空理所当然地相信，如果企业真正关怀员工，员工就会关怀客户。（顺带一提，这对股东也有利。）

工作不是乐趣，就是苦差。这取决于你的态度。我喜欢乐趣。

——科琳·巴雷特

（西南航空公司前总裁）

　　西南航空公司名声远扬。当一名西南航空员工报出自己的工作单位时，人们会说："你在西南航空工作？那是很不错的公司。在那儿做好像挺有意思的。你们的待遇真不错。你肯定干劲十足。"这番话传达的不仅是愉悦，还有荣誉。

　　不少其他航空公司的员工报出工作单位时，却得到截然相反的回应。先是一阵同情的叹息，然后这样说："你们有不少问题。你们应该在客户服务上面下功夫。上头在压榨你们。你是不是准备跳槽呢？"真是失败。

没有乐趣。没有愉悦，没有荣誉，没有成长的希望。没有什么激励人去奋斗，去关心，去尝试，去迈进，去提高，去冒险。何苦呢？

所以，如果你找到乐趣，就表现出来，分享它。让趣味更浓。让人热血沸腾。要有激情。要敢于关心。要真心希望那些帮助你的人，从你们的关系中得到愉悦。

你喜欢身边的那些人吗？装作喜欢，看看会发生什么。我敢说，他们真会变成你喜欢的人。

向他人展示你对工作的激情。激情给人愉悦。

没有激情？去寻找，去创造，否则走人。

人生何其短。

我可以没完没了地谈论愉悦感，但是正如法国作家司汤达所写："描述乐趣，常常会破坏乐趣。"但愿我没败坏你的兴致。

承诺使人愉悦。
每天活在成长中。

使人愉悦的实例，请看本书开篇《甜甜圈店前的撑伞人》。

再访甜甜圈店前的撑伞人

过了一年多，我为写作本书，又去那家甜甜圈店打听店主的姓名和背景。他还记得我们上次的简短交谈。店主叫韩仁洛，他的妻子姓尹，2001 年，为了孩子的教育，他们带着两个孩子移民美国。他们在得克萨斯州的艾伦，买下一间现成的甜甜圈店，叫桑尼甜甜圈店。

仁洛看到有的顾客冒雨赶到店里，随即想出大蓝伞的主意。桑尼甜甜圈店位于一个购物广场，没有免下车的外卖窗口。仁洛知道下雨的时候，顾客为避免淋湿，很有可能光顾附近几家竞争对手的免下车窗口。

为表诚意，他马上出去买了一把大蓝伞和一件雨披（我遇见他时他没穿雨披）。仁洛不仅甜甜圈烤得绝（毫不油腻），伞撑得棒，还特别注重在欢迎老顾客光临时叫出顾客的名字。他的妻子尹性情开朗，神采飞扬，笑容灿烂，也深受顾客喜爱。

夫妻俩都没让有限的英语能力吓倒。尹说："我们可能讲不好英语，但我们努力，我们微笑。而且很多顾客还想学点韩语呢。这样真好。"

桑尼甜甜圈店一周营业七天，每天从早上五点至中午。仁洛和尹每天凌晨一点半开始烘烤，每晚尽量在八九点钟上床睡觉。他们每个周六最忙，其次就是周日。

他们做的香肠卷饼清淡可口，顾客（包括我）都赞不绝口。糖衣巧克力甜甜圈也很棒，卖得很火。

在难得的闲暇时间里，仁洛喜欢打高尔夫，尹喜欢发挥创造力，用自己制作的美丽剪纸装饰店内墙壁。

在生活中，人人都需要创造力。

桑尼甜甜圈店地址

Sonny Donuts

1314W. McDermott Drive, #145

Allen, Texas

972–359–0033

就说迪恩推荐你去的。

思考和成长：愉悦十问

1. 你和你的服务、想法、产品、领导风格、生意计划以及文化，如何给予他人愉悦感？

2. 与你共事或为你做事，能否获得愉悦？果真能？是什么样的？

3. 在我们希望激励去行动的人们心中，你和你的团队如何才能被看做使人愉悦的人？

4. 你从工作中获得什么愉悦？

5. 实现你孜孜以求的目标，将如何给你带来内心的安宁？

6. 向着你的目标努力，如何给你带来愉悦？

7. 你如何才能帮助同事、员工和客户在其工作以及与你的合作关系中感到更加愉悦？

8. 你应该改善生活和事业的什么方面，以获得更多愉悦？

9. 你的客户服务（内部和外部的）如何使他人感觉愉悦？

10. 你如何带给别人愉悦的期许？

利润

一想到利润，我们大都想到的是"收益"。因此，不妨在讨论感受利润的概念时，将"金钱"和"销售"两个词包括进来。"买卖不成，一事无成"，是一句商界至理名言。某种程度上，我们都是销售人员。一个工作面试和销售拜访无异。约会也是如此。我们都在销售一些东西——销售领导力，销售行动计划，销售企业，销售二手冰箱。销售不是低贱的字眼。销售是影响和吸引力的艺术，生意也是。

在为本书收集素材时，我发现英文 profit 一词源自拉丁语，意思是"取得成长"。巧吧？英文 profit 也意味着兴盛、得利或改善。

生活中有太多的感知：感知好处、感知价值、感知利益。潜在和现有客户需要通过我们的引导和教育，感知我们的产品或服务将会满足他们的需要，达到他们的要求，帮助他们获得利益。生意伙伴和员工需要感知，自己供职（合作）的企业正在朝有利于他们的方向发展。

获利的期许有助于形成期望。为了鼓励客户的忠诚度、获得高质量的转介绍、提高产能、留住员工，我们必须超出期望值，至少达到期望值。

那么，客户期望什么？

因人而异。但是我们知道：人人都想要优质产品、积极的工作氛围、真正实在贴心的客户服务，以及准时交货。我们也希望销售人员推荐的，确实是对我们最有利的产品和服务，而不只是本周促销，或利润率最大的产品。

利润是对服务的褒奖。

——丹尼斯·威特利

客户、员工和同事应当相信，在与我们及我们所属企业的关系中，他们多多少少占上风。他们应当相信能从我们身上获利，如同企业从他们身上获利那样。

给予利润的期许。
每天活在成长中。

成为生意磁石

销售是吸引人的行业。我们相信有些产品、服务、理念和人能够改善我们的生活，便被它们所吸引。当销售人员专注于成长时，每一个客户都可以获益。而不断成长则将销售人员转变成生意磁石。

想到"销售"这个词的时候，我们只要稍稍动一下脑筋，就能发现我们可以用我们的产品、服务、理念和接触，来服务多少人。还有微笑和倾听。销售就是服务。服务就是成长。

"打包票"和"油嘴滑舌"的销售时代一去不复返了。今天，成长中介必须实实在在地了解潜在客户，还要帮助潜在客户了解自己。销售因此成为一种心理状态，而不只是一系列步骤。它是舞蹈，是奔忙，是愿意参与、建立沟通、吸引。以销售为事业的人，大体上是外向的、关心他人的、有动力的。我们愿意帮助别人成长。我们相信自己能产生影响，能提供帮助。成长让我们鼓起人生与销售的风帆。

成为生意磁石，靠的是信任。客户总有某种需求，或想采取某个行动。他们必须相信我们能够满足那种需求，并帮助他们采取行动。他们必须相信我们对自己、对自己的企业、对自己的产品和服务有信心。

成为销售高手的七个秘诀

1. 成为值得关注的人。

生意磁石提供如此多价值，如此多热力，如此多激情，客户备受鼓舞，对他们赞不绝口。生意磁石是值得关注，值得瞩目，值得别人转介绍的。

作为成长中介，我们千万不能只表现对工作的热情——我们必须确实怀有对工作的热情。如果希望潜在客户因我们的产品和服务而激动，我们必须先怀有那种激情。同样，如果希望他人相信我们的产品和服务，我们必须先相信自己的产品和服务。

为赢得奖赏，我们自己必须成为奖赏。热情显现在我们把握自己的方式中，显现在我们对工作和生活的热爱中。如果我们想要忠诚的客户和转介绍（我们确实想要），我们就必须认为自己配得上忠诚的客户和转介绍。至此，你一定已经发觉，只要有机会，人们都会与他们喜欢的人做生意。对生活的热爱和对工作的信心使我们有吸引力，惹人喜爱，把众人吸引到我们身边。做销售，我们必须保持状态，激情洋溢。客服代表和领导人也应该这样。行动起来。行动起来。

2. 提出成长式、开放式的问题。

当医生的都知道，不做诊断就开处方是不当行为。当生意磁石也一样。我们必须提出一系列开放式问题来诊断情况，以便我们的建议（处方）能够满足人们的需求。

提问的艺术和科学，是一切知识的源头。

——托马斯·伯格（美国作家）

销售圈里有一个经典故事，说的是一个木讷的销售员，试图向老板解释为什么他每月只做成一桩生意。

"你知道，你可以把一匹马领到水边，但你不能逼它喝水。"销售员耸耸肩膀说。"逼它喝水？"经理反问，"你的责任是使它口渴。"

言之有理，但这里忽略了一个根本事实：客户们已经"渴"了。他们渴求心安、愉悦、利润、荣誉、躲避痛苦和力量。他们渴求成长。想使人们渴想我们给予的成长，我们就必须发掘他们独特的成长参数。

发掘客户成长参数的最有效方法，就是提出一系列开放式问题。这些问题通常包括以下要素：

——谁

——什么

——哪里

——为什么

——何时

——如何

此外，你可以采纳以下方式，来鼓励客户和潜在对象进一步阐述：

——你愿意多说一些这方面的情况吗？

——你能不能详细描述一下？

——你能不能解释……

——为什么会这样呢？

——你说……是什么意思呢？

生意磁石必备的 12 个开放式问题

请在提问这些问题的时候，注意自己的声调。我们必须真正乐于寻找帮助他人的方法。

1. 你是如何对你所从事的行业产生兴趣的？

2. 如果一名记者要对你所从事的行业过去六个月的发展状况写一篇文章，他们会写什么？

3. 我总是和新人打交道；我如何知道某个人是否合适做你的潜在对象？

4. 对你或你所从事的生意而言，成长意味着什么？

5. 你预见你的行业里将有什么重大改变吗？

6. 你的最大挑战在哪里？

7. 这些挑战为什么存在？

8. 如果不应对这些挑战，你将面临什么困境？

9. 你正采取什么行动去应付这些挑战？

10. 你期待什么结果？

11. 谁参与决策的过程？

12. 如果你能成功应对挑战，你会取得什么样的成长？

不要提太多问题，也不要连珠炮似的提问。不应该让别人感觉像在接受审问。审问既不吸引人，也让人不舒服。

3. 倾听。把它当成你的生存之道……它确实是!

用心倾听与强效提问相辅相成。这里的"听"可不是指接收声音、被动处理的过程。作为生意磁石,我们必须全神贯注地倾听。这是一项需要始终贯彻的基本原则,但有时难以做到。这意味着,在与人接触的整个期间,我们从自身跳脱出来,不考虑自己的需求和各种成见,完全设身处地为别人着想。

每个人都有倾诉和被倾听的需求。倾听有助于我们把他人当成世界上最重要的人,因为他们确实这样认为。很多销售人员喋喋不休地讲他们的想法多么高明,他们的企业多么伟大,却忘记跟客户互动,忘记提试探性问题,忘记倾听以便找到帮助对方成长的途径。

有时候,我们主动倾听的兴致不那么高。我们以为不专心听也能混得过去。这是大错特错。理解并尊重他人说话的能力,是做一名生意磁石的关键。所以,一定要下决心集中精神,并完全理解他人想要传达的意思。当你念念不忘先前的谈话、未完成的任务或自己给人的印象时,要发掘别人的成长参数几乎是不可能的。好的倾听者吸收并思考听到的内容。他们积极参与倾听的过程。这需要精力和动力,因为倾听远不是听见那么简单。我们必须成为积极的倾听者，而不是被动的听者。

把你认为自己听见的内容复述出来，有助于避免理解错误。好的提问使人们有机会重新陈述想法，并精确表达意思。

4. 尊重时间，有条不紊。

条理是成为一名生意磁石的关键。严格的自我管理（过去称为时间管理）可以提高效率，减轻压力。我们的办公桌应该是工作站，而不是储藏室。我们必须能迅速抓住重要信息。条理性强使我们尊重自己的时间，也尊重客户的时间。

精明强干也是条理性强的一种表现。如果我们不能很好地掌控自己，怎么能让人觉得我们精明强干，足以应付他们的难题呢？而且，我们如何展现自己，充分表明了我们对自己和对工作的感受。成为一名生意磁石需要有所准备。遗憾的是，许多人投入大量精力去规划周末如何度过，甚至琢磨晚饭吃什么，却较少把心思用在寻找机会、帮助客户成长上。

有人说销售"只是数字游戏"，千万别信。销售是基于成长的印象游戏、成长的游戏、终极的信任游戏。当然，你与人联系越频繁，成功的机会越大——但你也可能因为仓促推进、草率行事、口不择言而断送发展潜在关系的机会，更

别提浪费你和客户的时间了。话已出口才考虑应该说什么，
为时晚矣。

思考和成长：销售和条理

回顾你最近的三次销售演示或销售电话：

1. 你在联系之前检查过自己的态度吗？

2. 你为这次联系设定具体目标了吗？

3. 你对如何成长有什么想法可供参考？

4. 你有什么计划？

5. 你知道自己要说什么吗？

6. 你做足调查研究了吗？

7. 你预约了吗？

8. 你的材料理顺了吗？

9. 你的问题是切题的、有用的吗？

10. 对方被激励要采取积极行动了吗？

额外思考题：

你是做一笔生意，还是使关系更加紧密？

准备充分，保持热情，持之以恒。80% 的新买卖是在第 5 次接触时才做成的，然而大多数销售人员在第 2 次接触后就放弃了。对每一个交往机会都给予充分关注。条理性强更易于建立信任和助人成长。

5．建立无价的生意关系。

我写过一本书，专门讲如何建立无价的生意关系，所以我不打算在这里重写一遍。但我要说的是：建立无价的生意关系，并不取决于我们认识谁，甚至是谁认识我们。其关键在于主动利用我们对他人的了解，让目标群体认定我们是成长的，愿意和我们建立无价的生意关系。

欲知如何建立无价的生意关系，我推荐你参考我写的《破解人脉网络密码：四步建立无价的生意关系》。我对这位先生的著作如何力荐都不过分（他太谦虚了）。扯远了……

6．换位思考。

换位思考就是了解并感知他人的出发点，穿上他人的鞋，走一段路，从他人的角度看问题。换位思考意味着懂得：人们做决定是出于他们自己的理由，而非我们的理由。理由总是有的。顾客有理由，潜在对象有理由，员工有理由，合作伙伴有理由。这些可能都不是我们的理由。

为提高我们换位思考的水平，头等要务就是专注了解他人的成长参数。我们也许不可能完全揭示别人的动机以及行动的原因从何而来，但那些动机和成长参数都是他们独有的。

做一名生意磁石，要时常思考，说这样的话："客户先生／女士，那样对您来说，是不是……"尽力去做最有益于客户的事情，力争提供合适的产品或服务，去满足他们的需求。当然，我们希望获利，但客户的利润是我们获利的关键。换位思考意味着懂得：客户想要的不是我们的产品和服务，而是他们认为我们的产品和服务能为他们所做的事情。

我的一家客户是美国最大的贸易展览摊位制造商。他们设计、制造、运输巨大的展位，在全美乃至全球的大型展会上都可见到。在给他们销售团队做的一次培训上，我开门见山地说："没有人需要展位。"

全场顿时鸦雀无声。销售代表们望着销售副总，又相互对望，仿佛在说："什么意思？"

一名坐在后排的销售经理举手发言："不对，迪恩。确实有人打电话订购展位。"

我说："没错。他们订购展位，但他们真正想要的并不是一间展位。"

又是一阵沉默。然后销售副总开口了："你说得对，迪恩。我们的客户不想要展位，他们想要利润。我们一定要能说明，购买我们的展位，如何帮助他们获利。"

生意磁石明白，拥有产品或服务本身并不能创造动势。真正创造动势的，是拥有、使用产品或服务，能带来被感知到的利润（被觉察到的感受）。

7．专注于价值和成本，而非价格。

当然，客户和销售人员很容易关注价格，因为价格白纸黑字地在那儿摆着。我们的产品和服务也确实都标着价格。但是，一件产品或一项服务的价格，并不是它们的实际成本。我们必须说明，价格的每一分钱都是必不可少的，因为它提供了最好的价值，免去了买别的东西和其他情形的成本。成本和价值很难说清，但说起来却重要得多，因为这里不仅包括价格，而且包括增值服务、技术支持、专业知识以及其他基于成长的方方面面，它们都是伴随我们的生意关系而来的。伴随采购决定而来的，经常是其他部门的服务。真正的价值历久方显。销售人员的挑战和责任在于，告诉客户如果不和自己合作，真实的成本会是多少。必须让买家看到，把时间和金钱投入到我们这里，是有利可图的。

　　销售人员常用"我们的价格太高了"这样的借口，来解释为什么销售业绩不太理想。有时这是事实，然而大多数时候，问题不在价格上。我们需要明确解释真实的成本，让客户了解与我们合作并认同我们的价格，不仅是最佳选择，而且意味着成长。如果潜在客户有充分的理由，他们就会知道该怎么做。如果员工有充分的理由，他们也会知道该怎么去做。当问题变得棘手时，我们务必提醒同事、员工和自己，将要采取的行动意味着成长。

　　做一名生意磁石。
　　给予利润的期许。
　　每天活在成长中。

思考和成长：利润十问

1. 你和你的服务、想法、产品、领导力风格、生意计划以及企业文化，如何给予他人利润？

2. 与你合作或为你做事，能否获得利润？如果能，是什么样的？

3. 在我们希望激励去行动的人们心中，如何看待你和你的团队是能带给他们利润的吗？

4. 你如何才能帮助所有相关人员关注价值，而非价格？

5. 实现你孜孜以求的目标，将如何给你带来利润？

6. 向着你的目标努力，如何给你带来利润？

7. 你如何从更好的合作中以及通过帮助企业获利和提高生产力，来获得利润？

8. 你应该改善生活和事业的什么方面，以获得更多利润？

9. 你的客户服务（内部和外部的）如何使他人感觉正在获利？

10. 你如何带给别人利润的期许？

额外思考题：

在当下艰难的经济形势和激烈的市场竞争中，你如何吸引并留住客户？

荣誉

　　我们都希望拥有尊严，感受他人的尊重，感到自己的重要性和影响力。没人希望卑微地活着，或自觉无足轻重，没人愿意甘当平庸之辈。荣誉反映出一个人被尊敬的程度。

　　出类拔萃能带来荣誉。诺贝尔奖、奥斯卡奖、当月最佳员工、当月最佳客户、最有价值球员等诸如此类的奖项，能提升我们在他人心目中的地位。奖金也能给予荣誉。销售奖给予荣誉。很多销售代表在赢得年度销售奖之后，做了什么呢？他们下一年再度赢奖，或差一点赢奖！

　　我们自然而然地想要某种成就的证明，某些可供回忆的事情，以及可供炫耀的资本。我姐姐索非亚的荣誉感来自晋级跆拳道黑带；我的小女儿埃拉的荣誉感，来自美术作业和作文受到老师表扬。对了，我还留着我的小联盟棒球奖杯（现在没有展示出来，但也许我会，而且小时候肯定展示过）。

　　想要成功和欢笑，就要倾听和祝贺。分享荣誉，会带来更多荣誉供分享。夸奖别人吧。适度的名气对人有益。一点点应得的声望，能点燃成长的火焰。我们都能从赞扬中受益。赞扬别人的感觉同样美好。正如米高梅影业创始人之一塞缪尔·高德温所说："有人做了好事，要鼓掌！你会使两个人都高兴的。"我们从鼓舞他人中得到鼓舞。

帮助别人找乐，与他们同乐。认同不必那么繁琐，甚至不是非得震天动地叫好。我最喜欢得克萨斯州普莱诺的巴伐利亚烤肉馆，这家餐馆的做法就很妙，也很简单。

他们成立了一个陶杯俱乐部，老顾客有机会赢取标有本人姓名的陶质啤酒杯。顾客可以选择将个性化陶杯带回家，或者将杯子挂在巴伐利亚烤肉啤酒园的墙壁上。大多数顾客选择了后者，觉得在啤酒园里展示带有本人姓名的陶杯，是一种荣誉（我也这么觉得）。

然而，我说的并不只是实物奖励。口头称赞也有效果。赞美能给人带来荣誉和精神支持。表达由衷的赞美，哪怕是对细枝末节。

"我喜欢你的发型。"
"鞋子挺好看的。"
"表现不错。"

给予荣誉的期许。
每天活在成长中。

赞扬可以成为你最有价值的财富，
只要不用在你自己身上。

——O. A. 巴蒂斯塔（美国作家）

人名游戏

　　一些简单的事情也能给别人带来荣誉，比如记住并叫出别人名字。人人都想被视为独特、难忘、重要的人，想感受由此而来的荣誉感。别人的名字对他们很重要，正如你的名字对你很重要。遗憾的是，太多销售人员跟我说，他们无法记住别人的名字。我问他们："你的意思是，你某天遇见某个人，然后过了三周再见到他，结果想不起他叫什么了？"

　　"不是，"他们回答说。"别人自我介绍，我也自我介绍，然后……噗！名字消失了。"我认为在这些情形中，我们不是真的记不住人名，而是从一开始，就没有真的听清楚名字。为了能借助说出人名以给对方带来荣誉感，我们要注意捕捉人名，并在谈话中反复提及。以下是记住人名的四个步骤。

人名游戏

1.　与新人会面之前要专心。认真倾听对方的名字。如果没有听清，就要求对方重复一遍，而不要就此作罢。别不好意思提问（对方很可能也没听清你的名字）。

2.　在头一两句答话中随意提及对方的名字。

3.　谈话自始至终自然地提及对方的名字，但千万不要

过于频繁。

4. 道别的时候重复对方的名字。

给予荣誉的期许。
每天活在成长中。

无论你有多忙，
你都必须抽出时间让别人感到重要。

——玫琳凯·艾施

赞美之道

一个真诚的赞美是提供荣誉的好方式。真诚的赞美不花我们一分钱，但可以为给予者和接受者带来无价之宝。马克·吐温说，"一个好的赞美，能让我过两个月的好日子。"另外，我们在赞美里增加成长性的开放性问题，赞美还可以用来开始一个交谈。

每一个人都喜欢赞美。

——亚伯拉罕·林肯（美国前总统）

注意到他人好的一面，并且告诉他们，这需要你的一些自信。提升别人能进一步提升我们的自信心，因为当我们开始注意到别人做的好事，我们同时会注意到我们自己做的好事。但请注意，时机不对的赞美，或者被认为是不真诚的赞美，很可能作用会适得其反。

以下是一些简单的点子。

1. 真诚地赞美他人

开始的时候，去寻找一些东西，来真诚地赞美他人，无论多么小。越具体越好，因为它让对方看到，我们真的注意到他们了。

2. 个性化地赞美

要考虑到对方的个人需要和兴趣。当和对方沟通时，要时刻留意他们很在乎自己什么特点。个性化赞美在给人们带来荣誉上面作用很长久，但不要在一个人身上使用太多，免得让对方觉得虚假。

3. 分享别人的赞美

我不是说，炫耀别人说过的关于你的好话。我的意思是，说你所听到的、关于别人的好话。我们作为人类的奇怪之处之一是，当我们听到坏话时，我们通常很快会告诉其他人，但当我们听到关于某个人的好话时，我们通常不说。这是人性的弱点。当我们听到关于别人的好话，我们需要赶紧把这个信息跟被赞扬的人分享。他们听到以后，肯定会感觉到很有面子，由这而来的一些成长，也会降临到我们身上。

4. 暗示赞美

通常，对于我们自己想到的事情，我们会感觉到更有道理。争取让对方做一回"自己的福尔摩斯"，允许他们从你的评论当中找到赞美。通过间接的赞美，我们依然提供了赞美的许诺，但不会使自己听起来像一个恭维者。

5. 解释赞美

与其暗示赞美，还可以用相反的方式。当我们解释做出这个赞美的理由时，赞美通常会更加强有力。

给予荣誉的期许。
每天活在成长中。

思考和成长：荣誉十问

1. 你和你的服务、想法、产品、领导力风格、生意计划以及文化，如何给予他人荣誉？

2. 与你共事或为你做事，能否获得荣誉？如果能，是什么样的？

3. 在我们希望激励去行动的人们心中，你和你的团队如何才能被看做带给他人荣誉的人？

4. 荣誉对于你，对于你的团队成员，对于你的客户有多么重要？

5. 实现你孜孜以求的目标，将如何给你带来荣誉？

6. 向着你的目标努力，如何给你带来荣誉？

7. 你如何才能通过给予荣誉，来鼓励同事和员工去实现各自的和团队的目标？

8. 客户向别人推荐你和你的企业能获得什么荣誉？

9. 你的产品和服务如何帮助客户和顾客获得生活和事业上的认同感？

10. 你如何带给别人荣誉的期许？

躲避痛苦

哇，表示痛苦的词语可真多啊：

失望、绝望、束缚、折磨、悔恨、紧张、担忧、愤怒、震惊、受伤、苦恼、厌烦、挣扎、受罪、辛酸、悲痛、头痛、心痛、伤心、痉挛、刺痛、伤痛、惩罚、悲惨、嫌恶、伤害、恶心、疼痛、不适、麻烦、悲伤、焦虑、磨难、悲哀、不高兴、生气、厌倦、乏味、苦闷、讨厌。

有钻心的痛，有尖利的痛，还有阵阵剧痛。痛苦可以是身体上的，也可以是精神上的。每个人在生命里都感受过痛苦。痛苦的感受是在我们的世俗和精神世界构建意义的一个要素。因此，躲避痛苦是一种重要的追求。

痛苦意在唤醒我们。

——吉姆·莫里森（美国摇滚歌星）

　　社会公益服务、人道主义援助、公民健康法案、社区发展、经济援助、人权纲要、赈灾救援和各种慈善活动，都是为了帮助人们避免、预防或减轻痛苦。科学家努力探索消灭疾病的途径，父母给孩子传授应对人生挑战的手段，音乐家写歌，帮助我们摆脱日常烦恼，从而躲避痛苦。

　　一套好的福利制度就是一套躲避痛苦机制。优秀的消防队、合脚的鞋子、含氟牙膏都有助于躲避痛苦。同样，还有位于安全社区的住宅、低胆固醇的食物、带防锁刹车的汽车、维生素、健身设备和较低的按揭利率；一支训练有素、斗志昂扬、由内行领导的武装部队，与一个训练有素、斗志昂扬、由内行领导的客服部门，通过相同机制助人躲避痛苦。这样的例子还有很多。

　　很多日常用品的营销计划，都是鼓励人们将产品视为可靠的躲避痛苦工具，宣称只要我们使用某些产品，就能远离焦虑，远离压力，远离痛苦。

　　我们都有逃避机制或策略以避免不愉快。

　　为什么大家都躲着牢骚满腹或夸夸其谈的人？因为跟他们在一起很痛苦。他们甚至是"人见人嫌"。

　　可惜，"痛苦领导力"和惩罚性的苦难教育是惯用的激励策略。限制行动自由、没收游戏机、扣工资、以解雇相要挟等等，都在传达一个意思：如果你想躲避痛苦，就得照着我的意思去做！回顾痛苦经历也起到激励的作用。教练给队员放一段惨痛的输球录像，是为了鼓励他们发挥出最佳水平，以免再次感受失败的痛苦。

我们都想躲避痛苦，但常常不能充分考虑到，有所行动或不行动的后果，从长远来看将令人痛苦。

哪个令你更痛苦：
自律还是后悔？

如果我们现在就能细致入微地感受未来的痛苦，我们将竭尽全力避免未来的痛苦。有时候选择承受痛苦是明智的，但痛苦仍是痛苦。交保险费并非不痛苦，但大多数人都承认：没有保险更痛苦。

没有什么像后悔一样提醒你，你还活着。

——雪儿·克罗（美国摇滚女星）

  开辟市场、应付挑剔的客户、迅速熟悉新产品等等，可能令人痛苦，但是不做这些，也痛苦。

  不同的人对痛苦的态度相差甚远，取决于这个人对痛苦的理解：有没有用，可不可避免，能不能接受，甚至值得不值得。未满足的需求憋在心里令人痛苦；未发挥的潜力也能令人痛苦。痛苦存在于告别现状、探索未知的过程中，存在于冒险中。因此，成长也可能令人痛苦。

  有些险值得冒，有些不值，需要个人权衡抉择。作为成长中介，我们必须向客户和同事（还有我们自己）表明：告别现状要承受痛苦，不去做有更大的痛苦；逃避未知有更大的痛苦；不冒险有更大的痛苦。

  给予躲避痛苦的期许。
  每天活在成长中。

企业家军官训练之道

多年以来，我开发了一项目标承诺课程，叫做"大肥目标"（Big PHAT Goals）。PHAT 是"漂亮、热辣和诱人"三个单词的字母缩略词，主要是"有吸引力"的意思。这个课程的意义是，目标必须对我们有吸引力，我们才会承诺于它。我们的产品和服务必须对客户有吸引力，他们才会投入金钱和时间。同样，我们的想法和方案必须对那些我们希望参与的人有吸引力。

在我的职业生涯早期，有一次，我给一群本地企业家做完有关目标承诺的演讲后，捕捉到一个非常魁梧的男人的目光。他站得笔杆条直，剃着板寸，脚上军靴锃亮，上穿暗绿字母纹 T 恤，下穿迷彩裤，显得鹤立鸡群（人们在商务会议场合一般不穿成这样）。

我们相互点头致意，从他的姿势可以看出，他正在等待恰当时机跟我谈话。我和另外几位听众讨论完演讲内容和合作机会之后，这位男人朝我走来，在比正常距离稍近一点的地方立定，用威严但不大的声音叫我："迪恩？"

我脱口而出："是，长官！"

他说："我在部队待过。"

我说："是，长官。看得出来。"

他说："我做过八年教官，现在经营一家体能训练营。你讲得很好。我想请你下周六来给我的学员讲解你的'大肥'课程。"

在我职业生涯的这一刻，我无须查日程表就一口应道："是，长官。"

他继续道："你下周四晚上先过来一趟，如何？我们可以讨论讨论，我会带你在营地里转一圈。你也有机会见见我的学员，我们可以把他们听讲的积极性调动起来。"

"是，长官。"我说。还是无须查看日程表。

他告诉我，他在市郊租了一片库房当营地，学员下午 5 点 45 分到，6 点整开始操练。我在周四下午 5 点 15 分来到他的营地。

我走进一间看似普通的办公室。他欢迎我，又花几分钟讲述为何对我的项目感兴趣。教官说他渴望帮助学员实现健身目标，并且相信"大肥目标"课程能帮上忙。他明白我们每个人都愿意承诺于目标，有着强烈理由和美好意愿。可是，如果缺少持续不断的强化，强烈的理由就有可能随时间的推移而变弱，以至于其他行为变得更具吸引力。

我们讨论一个人如何才能具备长期的动力、去做这样或那样的事情（早起或晚起，吃奶酪蛋糕或不吃奶酪蛋糕）。我们经常自觉不自觉地断定，某些结果比其他结果更具吸引力或更诱人，并做出相应的行为。

我很有同感。多年以来，我养成了新年伊始就立志减肥的习惯。每年我都会买一张健身卡，却总在运动几次之后、就退回到"正常"生活方式。我从没忘记自己想变瘦，但我实在记不得为什么想变瘦。我还不如用那些时间去做别的事情。

聊着聊着，我很快发现这位教官悟到了利用"成长六要素"去促进行动的理念。他明白需要帮助学员真正明白行为背后的理由，并且给他们一些工具，帮助他们坚守目标。

"迪恩，我领你参观营地。"他说。

"是，长官。"我一直好奇营地是什么样子。

他打开办公室后门，露出一间狭长的屋子，水泥地面、铁皮屋顶。说这位教官的营地颇有几分怀旧风格，实在是过奖，我怀疑他装修整个场地的花费，不超过 75 美元。他在水泥墙上打眼，插入铁棍用于引体向上；水泥块上缠着麻绳当手柄，用于举重；墙角堆放着硬纸板，显然是学员做仰卧起坐和俯卧撑的地方。他甚至在营地后面田野的草地里剪草，辟出一条半英里长的跑道。这里显然不是人们心目中的"终身健身馆"。

我真想知道参加体能训练的是些什么人。这时他们陆续到了。居然都是普通人！善良、实在、努力工作的老百姓（和我们一样）；有几个还没摘下工作单位的胸卡。教官待他们也像普通人，直到第一个人从更衣室里出来，穿着亮橙色短裤和灰色汗衫。（原来每个人都有配套的亮橙色短裤和灰色汗衫。想象这种景象。）

当最后一名学员穿着制服出来时，教官伸手从办公桌的抽屉里拿出一顶教官帽。

帽子一扣在脑袋上，他的兴奋度立刻暴涨。他吼道："好了。士兵们，出发！"一眨眼的工夫，他们全都跑出后门上了跑道。大约十分钟后，教官带队回来了。学员个个汗流浃背。与此同时，教官仍在吼叫，混着歌词下达命令："拿起水泥块，放下去。去那边做十五个。必须拿起放下，我的小兵们。必须拿起放下。给我振作点！"

这家伙真会搞怪。他直愣愣地对着学员的脸，突然大叫一声："全体士兵去垫上坐！"他们十分清楚这话的意思。学员们一个个连滚带爬地上了纸板，盘腿坐下。他们喘着粗气，抹去眼圈的汗水。在他们面前踱了一分钟的步之后，教官招呼我："到这儿来，大肥仔。"

我知道你在想什么："大肥仔"不是什么好听的绰号。可是，很有品牌效应嘛！在我职业生涯的这一时刻，我很高兴被人起外号。于是我成了"大肥仔"。"过来呀，'大肥仔'。跟我们讲讲你的精彩课程，帮我的学员坚守阵地。"

往那边走的时候，我敢发誓我看见两个人似乎在说"谢谢你"，以感谢我给他们喘息的机会。我不太想配合教官的演讲风格，于是我直白地问他们，几乎不带感情："你们有多少人来这儿是为了躲避痛苦的？"

学员好像被问懵了，没人举手。他们正在痛苦之中。难道我看不出吗？他们怎么可能为躲避痛苦来经受这种魔鬼训练？我又问一遍："有多少人来这儿是为了躲避痛苦？"

教官举起手。我说："长官请讲。"他说："我的学员确实是为躲避痛苦才来的。毋庸置疑。令我的学员感到痛苦的是，衣柜里的衣服都穿不上，爬一截半楼梯就累得气喘吁吁。有些人甚至担心自己在孩子高中毕业之前就死于心脏病。来这儿接受痛苦训练，是为了帮助他们避免那些痛苦。"学员盯着教官看了片刻，纷纷点头赞同。我能看出来，一种目标感在他们眼中生成。他们是来躲避痛苦的。

周六的"大肥目标"课程听者甚众，教官的每一个"士兵"都积极参与（也许他们是不敢不积极）。学员列出痛苦清单，他们通过参加体能训练，正在竭力避免这些痛苦，其中包括糖尿病、关节痛、背痛、个人挫折和孤独感。虽然这次课已经过去很多年了，但该教官的一名学员最近联系上我，说她仍然时常浏览她的痛苦清单，以保持健身目标对自己的吸引力。

　　给予躲避痛苦的期许。
　　每天活在成长中。

思考和成长：躲避痛苦十问

1. 你和你的服务、想法、产品、领导风格、生意计划以及文化，如何使他人躲避痛苦？

2. 与你合作或为你做事，有无需要避免的痛苦？如果能，是什么样的？

3. 在我们希望激励去行动的人们心中，你和你的团队如何被看做使人躲避痛苦的人？

4. 自律和后悔，哪个让你更痛苦？

5. 实现你孜孜以求的目标，将如何使你躲避痛苦？

6. 向着你的目标努力，如何使你躲避痛苦？

7. 你如何才能更好地说明，你通过何种方式帮助客户躲避痛苦？

8. 你应该改善生活和事业的什么方面，以助于躲避痛苦？

9. 你的客户服务（内部的和外部的）如何帮助他人躲避痛苦？

10. 你如何带给别人躲避痛苦的期许？

力量

当我们思索力量的含义时，很多词语会跃入脑际：魄力、体力、功力、能力、权力、威力、膂力、精力、马力、领导力。然而，有一个词概括了真正的力量感，这个词是"选择"，它是决定我们自己思想和行为的那种力量。

谁有力量？谁都有。我们每个人都有选择的力量。我们每个人都掌握着做出决定的力量。连自我克制都是对选择力的历练（想想诱人的冰激凌）。

人是有决断性的生命体。

——维克多·弗兰克

力量不只是执行力。力量也是影响力和劝导力，这种形式的力量通过无数种途径，被用来鼓励人们以不同于起初计划或惯常的应对方式去行动、感受和表现。如果受到不同的影响，人人都会做出不同的选择。说到底，人与人之间一切相互作用都蕴含力量，因为思想掌握力量，而思想是一切言行的基础。

品牌也有力量。市场营销、公共关系、广告宣传有力量。"口碑"和舆论有力量。共同信仰有力量。专长有力量。训练培养力量。学位可转化为力量。职位能掌握力量。奖励提拔是运用力量。财富能带来力量。得到认同使人感受到力量。

教育给人力量的期许，因为教育能增强人的心理素养和知识技能，以便做出选择把事办成。然而，不仅知识提供力量，能够交流知识也是力量。最重要的不是我们知道什么或认识谁，而在于我们决定用自己知道的去做什么。

力量就是抉择的能力（现在的或将来的），通过自己或他人的行为，在人们的生活中引发重大改变的能力。能力就是力量。为影响他人，一个人必须对他人渴求的状况或需求的事物有一定的理解和掌握。老板、经理或雇主对员工施加力量，因为他们通常控制着计划进程、工作条件、工资、聘用和解雇等。然而，员工也掌握力量。他们可以辞职，怠工，拉帮结派，偷钢笔和办公用品，削弱同僚士气，提供劣质服务，捣乱等等。员工也能按时上班，团结一心，跳出框框，提供一流服务。这都归结为选择的力量。

人所拥有的任何东西都可以被剥夺，唯独人性
最后的自由——在任何境遇中选择自己的态度
和生活方式的自由——不能被剥夺。

——维克多·弗兰克

任何人际关系中的任何一方都有力量。客户有力量选择在自己喜欢的地方花钱。企业有力量选择调整政策或拒绝服务。力量可以被授予，但只给那些选择接受力量的人。

获得力量感的一种原始却常用的方式就是：以痛苦（解雇、当头棒喝等）威胁别人。力量存在于以痛苦相要挟之中。但这种思想和行为是对力量的消极滥用，而且结果往往事与愿违。任何一位研究世界史或"办公室政治"的学者都会告诉你，这种力量必然造成怨恨和抵抗。况且，力量也存在于抵抗中。"反抗力量"本身就是一种力量。

别人对于我们和我们能力的认识，可以产生强有力的效果。人类在大脑灰质中存储知识和记忆，我们有必要把自己存储的化为力量的源泉。有力量的人是那些很容易获取资源的人，那些能可靠地实践意志、思想和手段的人。成长中介有能力向他人阐明，我们希望他人做的选择，将如何带给他们更多选择、更大力量和更大成长。但是，至于想什么、相信什么、怎么做，仍然是每个人自己的选择。

刺激和反应之间有一段间隔。在那段间隔里，我们有力量选择如何反应。我们的成长和自由，就体现在我们的反应之中。

——维克多·弗兰克

给予力量的期许。

每天活在成长中。

维克多·弗兰克之道

维克多·弗兰克（1905-1997年），是一位医学和哲学博士，奥地利神经病学家。他是 20 世纪欧洲最伟大的精神病学家之一，也是大屠杀幸存者。美国国会图书馆将弗兰克博士启发心智的名著《活出生命意义》列入"对人生最具影响力的"十本书之一。

弗兰克博士是"意义治疗"（logotherapy）的创始人，这个名词是他自创的。意义治疗的基本观点是：人有寻求意义的意志，生命在任何情境下，甚至在最悲惨的情境下，都可以具有意义。在任何情境下，我们每个人都有选择的自由，可以选择去寻找忍耐和成长的理由。

如今空前多的世人有生活的手段，
却没有任何生活的意义。

——维克多·弗兰克

我们有在所做和所经历的事情中寻找意义的自由。当面临不公正、可能无法改变的状况时，我们有选择立场的自由。

我们每个人都有选择的力量，以寻找我们独特的人生意义。弗兰克相信：人对感受力量的渴望，胜过对获得力量的渴望（二者相差甚远）。

弗兰克在 1926 年初次使用"意义治疗"这个术语，在 1942 年被送往纳粹集中营之前，已发展出一些基本原则。在被送往集中营时，他甚至将阐述这些观点的一部手稿缝在自己穿的衣服里。可惜纳粹发现了手稿，于是弗兰克的心血结晶被付之一炬。

弗兰克知道自己的思想很有价值，但是无从真正与世人分享。在集中营岁月的初期，他决定重写这部手稿，并背着警卫速记在碎纸片上。他还利用残酷的集中营作为实地研究的场所。弗兰克竭力地防止俘虏自杀，并缓和难友忧郁消沉的情绪。纳粹不允许任何人主动阻止他人的自杀行为，所以弗兰克的努力是防患于未然、并暗中进行的。

他发现很少有难友说"我想死"。大多数人都说想活，然而最终幸存下来的那些人，都专注于活下来的理由——跟爱人团聚、做某件事情、盼望某件事情的实现。弗兰克推论：当我们赋予一个结果足够的理由时，我们就能承受实现这个结果所带来的苦难。

弗兰克的人生意义，他求生的强烈理由，不仅出于他满心希望与年轻妻子缇莉以及他父母和哥哥团聚，还出于他有未竟的事业。他希望活下来，必须活下来，部分是出于他对人类的精神力量抱有强大而有益的信念，他要重新著书立说并公之于众。

在奥斯威辛和达豪等几座集中营里熬过三年之后，他获得释放，回到维也纳，并动笔撰写一本书，书名直译为《从死亡营到存在主义：一位精神病学家对一种新疗法的探索之路》（中文版译名：《追寻生命的意义》）。在这本书里，弗兰克从一个精神病学家的独特视角，描述了集中营俘虏的恐怖生活。怀着感受自主和力量的渴望，以及在改变的世界中赢得工作胜利的渴望，我们不妨一窥弗兰克博士的教诲，定能受益匪浅。

从弗兰克博士的著作中总结出的成长三步骤

1. 驾驭选择的自由。

市场行情持续波动，生意竞争加剧，个人生活问题丛生，这时，我们每个人都有选择反应方式的自由。如果挑战不可避免，我们必须以一种明智的态度去应对。弗兰克博士怀孕的妻子以及他的父母和哥哥，都在纳粹集中营里遇难。他说，他失去了作为一个人可以被剥夺的一切，除了一样："人性最后的自由，也就是在任何境遇中、选择自己的态度和生活方式的自由。"人人都有选择的力量，但是如果不加以运用，力量就衰弱了。

面对不可避免的无常（如生意受阻、经济放缓、竞争加剧），我们必须燃起坚定不移的意志，它源于克服日常挑战的强烈理由。弗兰克是一个行动者。他相信我们必须行动，必须做事情，必须坚持不懈。

2. 对行为负责。

弗兰克教导我们：生命有着紧迫感；若要做出有意义的决定，人就必须回应这种紧迫感。每个人都必须对自己的经济状况、人际关系和职业生涯负责，因为我们的处境正是自己选择的结果。我们有选择的力量，也必须对选择负责。弗兰克认为，人不仅有权利，而且有责任，去发挥个人潜能。

弗兰克发现，我们遭遇什么并不重要，如何应对遭遇才至关重要。在生活和事业的许多方面，我们都无法控制。

生命的终极意义，就在于探索人生问题的正确
答案，完成生命不断安排给每个人的使命。

——维克多·弗兰克

——汽车抛锚

——暖气管爆裂

——电脑系统崩溃（甚至整个经济体系崩溃）

——客户流失

——孩子生病

——商铺歇业

我们唯一能控制的，就是自己的反应、自己的决定、自
己的行为。我们必须对自己的行为负责。

3. 通过了解目标和实力激发行动。

深入了解一个人的理由（尤其是我们自己的），能非常
有效地帮助其成长并充分发挥潜力。弗兰克相信忍耐，但不
仅仅是为了苟活。

他相信一切生命都充满意义，这种内在的意义应该激励人们去生活，并发现人生的意义。弗兰克告诫我们，不要把物质、财富或享乐带来的浮华虚荣，误当做人生的真正目的。

由于歧视和犯罪所带来的不公正，事故、经济、自然灾害等外部因素，或同类的不人道而备受折磨的那些人知道，对意义的追寻不会因挫折而停止。很多事例（比如弗兰克的经历）都表明，挑战和逆境有利于激发人们更坚定地走向一条意义追寻之路。

生命能被内驱力推动，当然也能被目标拉动。

——维克多·弗兰克

伟大领导者善于发现组织成员是由什么制造的，有多大本事。弗兰克坚信人类的伟大潜能，强调运用人的内在力量，去实现个人目标并发现真我。这个原则同样适用于团队。每个成员，不分责任或职位，都独具实力，能在促使团队成长的过程中起到关键作用。

是什么驱使着我们希望激励去行动的人？

是什么驱使着你？

有关弗兰克的更多情况：

弗兰克年轻的时候，曾给弗洛伊德写过信。他们二人有过频繁的书信往来。弗兰克游历甚广，一生痴迷登山，六十多岁时还考取了飞行员执照。

弗兰克博士获得的奖章和荣誉包括：肯尼迪星章、史怀哲奖章和普菲斯特奥斯卡奖（美国精神病学会授予的最高荣誉）。他还获得过诺贝尔和平奖提名。

弗兰克博士写过 30 多本书，在世界最权威的科学期刊上发表过 700 多篇学术论文，在 40 多个国家的 200 多所大学里做过演讲，足迹遍及七大洲。然而，在他的自传里，弗兰克写道："在我看来，我从来不是一位大思想家。但有一样，我可能自始至终都是：一个彻头彻尾的'深思者'。"（深思者……我喜欢这个称呼。）1997 年 9 月 2 日，维克多·弗兰克因心力衰竭，在奥地利维也纳去世，享年 92 岁。

维克多·弗兰克真是不断成长的人！

思考和成长：力量十问

1. 你和你的服务、想法、产品、领导风格、生意计划以及文化，如何给予他人力量？

2. 与你共事或为你做事，能否获得力量？果真能？是什么样的？

3. 在我们希望激励去行动的人们心中，你和你的团队如何才能被看做是给予他人力量的人？

4. 你如何提醒自己认识到，即使处在不舒服或负面的环境中，你始终拥有选择的力量？

5. 实现你孜孜以求的目标，将如何给你带来力量？

6. 向着你的目标努力，如何给你带来力量？

7. 你的产品或服务有什么特别之处，能使人做到在其他情况下做不到的事情？

8. 你应该改善生活和事业的什么方面，以便获得力量？

9. 你的客户服务（内部和外部）如何帮助他人获得力量？

10. 你如何带给别人力量的期许？

骄傲和目的又如何？

我考虑再三，是否应当在几项成长的要素中加入骄傲（译者注：在英文中，"骄傲"和"自豪"均为同一个词，pride）和目的，最后决定不加。多年来，我曾请求众多朋友和同僚描述骄傲的感觉，每个人描述的都是愉悦、心安和荣誉感混合在一起的感觉，有时还将少许躲避痛苦、利润和力量搀和进去。

骄傲也许是一种对自身地位、价值和自尊实实在在的认同感，但"骄傲"一词也给人高高在上或自以为是的感觉。骄傲经常暗含贬义，比如傲慢、虚荣、自负、自大、浮夸、自恋、大言不惭等等。

骄傲是一个人因自视过高而产生的快感。

——斯宾诺莎

按照亚里士多德的说法，过分骄傲往往是导致英雄悲惨下场的决定性特征。对了，骄傲还是七宗罪之一！骄傲甚至通常被视为罪魁祸首和万恶之源。在路西弗的故事中，正是骄傲导致他从天堂堕落并化身为撒旦；单从这个故事就能看出骄傲的杀伤力之大。所以，鉴于其不幸的来历，我觉得还是不把骄傲列入成长的感觉之一为好。

另一方面，适当的骄傲（如自尊或以个人、团队的成就为自豪）是成长的重要元素。人如果缺乏自尊或轻视自己的工作，就会越发沮丧、软弱和自卑。

所以，骄傲是很微妙的。至于那种膨胀扭曲的骄傲之心，19 世纪作家约翰·罗斯金论道："总而言之，骄傲是铸成一切大错的基础。"希伯来箴言进一步劝诫："骄傲在败坏以先，狂心在跌倒之前。"无论被废的君王还是被降职失意的普通人，都是如此。

不同的人对"目的"一词的含义，往往有不同的理解，但目的并不是一种感觉。目的是行为背后的想法、理由和激情。我们的人生目的，是推动我们前进的核心驱动力。目的是有意义的方向，而意义的构建，是基于我们相信什么会让我们感受到成长六要素。目的感导致我们感受到成长六要素。

当你明确知道并正在追随你的目的时，你感觉如何？

骄傲何时于你无益？

初识或重温七宗罪：

这些缺点，人人当引以为戒：

色欲、暴食、贪婪、懒惰、暴怒、嫉妒、骄傲。

我当然希望能就每宗罪分享一些亲身实例，但据我所知（或者应该说所忆），本人从未犯过其中任一宗罪。（这还不算骄傲吗！）

七宗罪的概念，最初是早期基督教长老用来显示人们的恶行，并予以警戒的。大约在 14 世纪，七宗罪成为欧洲艺术家广泛采用的创作题材，促使这个概念在大众意识和文化中深深扎根。

所幸，每一宗罪都有一个相对应的美德，即七圣德：贞洁、节制、慷慨、勤奋、耐心、善良、谦卑。要说成长的挑战在哪里，就在这里！

去吧！从此不要再犯罪了。

第三部分

在平衡的生活中成长

生活是自助餐

　　我与很多行业中尽职尽责的专业人士进行过无数次交谈，关于他们或他们认识的人感觉操劳过度和压力过大的问题（且不必说怀才不遇和报酬过低）。每星期都有一些实在、勤快的人对我说，他们"没时间"把事情做完，他们身上的担子太重了。

你找到想做的事时，
却总是觉得没有足够的时间去做。

——吉姆·克劳奇（美国民谣歌手）

　　我们理想中的"无压"、"健康"或"正确"的工作和生活的平衡状态，每天都在变化中，而且一定会因时而异。对我们来说，明天的正确平衡很可能跟今天的不一样。

　　如果我们想要工作和取胜，包括达到已成陈词滥调的"健康平衡"，我们就必须将自己的动机（即行动的理由）内在化。要达到真正的平衡，就必须真正理解：我们为什么选择去做我们正在做的事情。

作为凡夫俗子，我们都有一种危险且无益的习惯，总是这山望着那山高，意识不到一切在于自己的优先次序，如何进行自己的选择、思考和行动。

工作和取胜是一项独特和个人化的拼图游戏，只有亲自动手才能将图拼合。组成拼图的有我们自己、我们的家人、我们的朋友、我们的工作、我们的事业、我们的兴趣爱好，还有我们的理想和热切期望。

我不是说，拿自己和别人比较不正常，而是说这不健康、不积极、甚至不合逻辑。**其实我们只是在拿自己的内在和别人的外在作比较。**我们拿自己感觉到的目前状况（内在），去比较别人表现出来的生活状态：职业、房子、汽车、家庭、人脉等统统是"外在"的东西。这对双方都不公平。我们并不了解别人的生活和思想。正如我的好友、作家卡尔·杨伯格所说："**别再用别人的尺子衡量你自己了。**"

有一则这样的广告：某个人拥有大房子、游泳池、整齐的草坪——看似完美的生活。然而，当他开着割草机在庭院剪草时，他却转向镜头苦着脸说："我债台高筑。"

世人爱竞争：比谁更富有，谁更好看，谁更聪明，谁家孩子最乖，谁家宠物最可爱，谁最先用上最新款苹果手机，等等。我认为，这种竞争大都是浪费精力。工作和取胜是一场一个人的竞赛。我们真正的对手只有一个，就是目前的自己。

取胜不是超越别人，而是超越自己。

——罗杰·斯图巴赫（美国橄榄球明星）

当然，竞争是正常的。谁都不希望自己显得好像落在别人后面。所以，如果我们必须竞争，那就比一比谁最经常微笑（有理由地），谁正朝着目标轻松前进。让我们来尝试这样做。但是，如果不考虑相对价值，除了众多的运动赛事之外，大多数竞争从本质上看都显得愚蠢、琐碎、荒唐。

当我们失去平衡时，往往是因为我们没有聆听自己，而是聆听了别人，听信了他们对平衡应该是什么的说法。我不能告诉你健康的平衡应该是什么，但我能告诉你应该是什么感觉。你应该感受到愉悦、心安、利润、躲避痛苦、荣誉和力量混合在一起的独特感觉。

使我们失衡的一个主要因素是拥有的东西过多。我指的不仅仅是物质，也指我们心里的和追求的东西。我们太容易分心，而这个世界显然无意帮助我们简单化。单单是可供我们利用的信息，就在呈指数级增长。从耶稣基督到达·芬奇时代的 1500 年间，信息量只是翻了一番；而现在，每 18 个月信息量就翻一番。

我们必须确定将什么信息输入内心，确定什么对我们和我们关心的人的安康最重要，并根据它来专心行事。要在这个瞬息万变的世界中工作和取胜，我们就必须把大多数时间和精力，投入到给我们带来最高回报的那些活动和目标中去。

我们不可能做所有事情，或拥有一切。我们不可能知道所有可知的事情，不可能去做所有可做的事情。我们不可能看每一部电影，去每一家饭馆吃饭，走遍每一个国家，拥有每一种电子产品。我们不可能什么都做，什么都有。我们必须做出选择。

大多数人很难在生活中找到平衡，因为他们没有付出代价，以确定什么对他们真正重要。

——史蒂芬·科维（《高效能人士的七个习惯》作者）

我们都听说过所谓的"成功标志"。有没有过剩标志呢？这个社会渴望我们有所渴望，需要我们有所需要，但是十有八九，我们并不需要、甚至不想要我们已经拥有的很多东西。是时候清理旧货了吧？

每个人都有决心，我们只需要下一个决心。为了在平衡的生活中成长，我们必须以严厉、坚定的目光审视内心，以确定成长对我们的意义。我们能拥有并去做渴望的一切，只要我们真正将渴望的原因内在化。

内在化是指成为自己的思想和存在的一部分。成长六要素，激情、渴望和动机等，全都来自理由内在化。内在化需要时间、精力和想象力。每个人都是独特的，有着独特的生活和独特的优先次序。有太多的外在影响，如媒体、亲戚、邻居、同事等，妨碍我们将渴望的理由内在化。内在化有助于我们更审慎地选择如何对事件、想法、图像、情感等等做出反应。

归根到底，工作和取胜取决于我们如何驾驭自己，而不是靠别人告知我们应该如何分配时间。平衡的生活没有"一刀切"的标准。生活中的平衡出自我们将多种多样的选择和机会在脑中权衡判断。如果我们给这些选择和机会定位和排序的方式，有助于我们感受到成长六要素，我们就处于健康的平衡中，否则就不是。很简单，很真实。

要是哪本书的作者能告诉我们究竟什么是健康的平衡，应该如何投入时间，那就太方便了。

每一步都要迈得小心、敏捷和从容。
记住：生活就是一场精彩的平衡表演。

——苏斯博士（美国作家、漫画家）

我知不知道你应该如何分配你的时间？不知道。

我不敢假装知道你应该如何分配你的时间，因为我不是你。如果你是一名滑雪运动员，也许你应该花大部分时间、脚踩两只滑雪板从山上降下来。如果你是一名瑜伽大师，也许你应该长时间凝神于肚脐（这叫意守丹田）。我不知道你的目标，不知道成长对你有何意义。我甚至不知道你正在朝什么方向努力。你知道吗？

生活是一个选择

我们必须精通选择之道，必须从一切可能的生活方式中选择我们想要的生活。否则，我们就危险了，就难免以老板、同伴、父母、孩子、邻居和广告商认为最好的方式去追逐目标，花钱购物，分配时间——为他们做选择。

我们都听说过，搞实业的老爸逼着搞艺术的孩子继承父业。当然，我们选择去做的事，应该有利于他人，但是也应该对自己有成长意义。

旁人总是尝试说动我们（向我们兜售他们的想法），按他们的目标来安排我们的生活！但我们面临的选择，其实并不是说得动或说不动，而是被谁说动——或者是我们自己，或者是外面的世界。

问题层出不穷，因为你不得不在别人对你的需求和你对你自己的需求之间寻找平衡。

——杰西·诺曼（美国女高音歌唱家）

我不是说，他人的建议是我们分配时间的"坏"方式。在生活中不断成长的一大挑战在于：我们面前有一大堆极其诱人的事情，有待我们选择去做其中一些。且不论好坏，这个时代的生活就像是丰盛的自助餐，有你享用不尽的美味佳肴。然而，生活自助餐里的佳肴并不都适合我们，也不都是健康或充实的。

设想你出席一场婚宴。你看见一张巨大的餐台，在接待厅沿着墙边展开。餐台上应有尽有：从牛排到龙虾，从进口的西班牙火腿到水煮三文鱼。你打算先给自己弄点吃的再坐下，可是餐台边有个人说："别，别。快请坐。我很乐意为您效劳。"于是你就座。

这位老兄把一大盘食物摆在你面前。你低头一看，盘里有白花花的软干酪、灰突突的卷心菜、两个烂熟的樱桃番茄、某种貌似绿色乳蛋饼的东西，稀得流汤的果子冻，外加半磅腌豆角——典型的配餐失衡。你心想："这些东西我一口都不想吃！我想来点上等牛排和烟熏三文鱼！"

这时你有几种选择，你可以：

A. 勉强吃完为你选好的食物，或扒拉两口。

B. 坐着挨饿。

C.起身去为自己取食。

如果我们不选择，就会吃亏。这个花花世界里的很多东西，跟我们想在生活中实现的目标毫不相干。我们必须真正认清自己是谁，自己想从生活自助餐中获取什么，否则别人巴不得替我们取食。而他们往盘子里装的，都是他们想让我们吃下去的东西，根据他们的理由。能按我们的方式取食的，只有我们自己。

你要为你的思想奋战，奋战，奋战，
趁你还有时间。

——本·哈珀（美国歌手）

人人都需要，也有力量，且受内心的驱使，去打造自己的目标，并利用自己的资源（时间、金钱、人脉、知识）使之实现。

生活是自助餐，请为自己平衡地配餐，然后尽情享用吧！

思考和成长：平衡的生活

1. 生活平衡对你有什么意义？

2. 你什么时候感到失衡？

3. 你想从生活自助餐中获取什么？

4. 你目前的生活中缺少什么？为什么？

5. 对你而言，过多的是什么？为什么？

6. 你什么时候感到自己正在工作和取胜？

7. 你需要简化生活吗？什么妨碍着你？

8. 拿自己与别人比较，是否导致你感觉失衡？何时？何故？

9. 你应该如何分配时间？

10. 什么会给你带来平衡的成长六要素？

**生活就像骑自行车，
要保持平衡，就必须不断前进。**

——阿尔伯特·爱因斯坦

压力太大，难以成长

当听到有人感慨"生活艰难"时，我总是忍不住想问："跟什么相比？"

——西德尼·哈里斯（美国记者、作家）

多年以来，在我的培训班和一对一辅导中，不计其数的专业人士向我倾诉操劳过度、怀才不遇和报酬过低的感受，令我震惊。职位描述中很少有"职场压力"这一条，但不幸的是，绝大多数职业都有这个特点。承受压力的时候，我们很难成长。事实上，当我们感到成长受阻的时候，我们就感到了压力。

在这个科技发达、人情冷淡、瞬息万变的世界中，如何处理或应对导致压力的因素，是一个亟需探讨的重要话题。

请注意：压力不仅限制你的成长，甚至会要你的命（如果不采取行动的话）！

——美国医学协会称，如今超过 60% 的疾病（癌症、心脏病等）都是压力导致的。

——据美国压力研究所报告，到医院看病的人当中，有 75% 至 90% 的就诊原因与压力有关。

——伦敦大学的一项研究发现，对压力反应不当，比吸烟或吃高胆固醇食物更容易引发癌症和心脏病。

身体上没有哪个部分能逃脱长期负面压力的折磨。不幸的是，很多人只有在病倒、心脏病发作或身体垮掉的时候，才下决心"严肃对待"自己的身体和心理健康。

压力极其危险，还极其昂贵。全美各行各业因压力导致的损失（即成长减慢）和治疗费，每年高达两三千亿美元。职场压力的表现包括缺勤、爆发冲突和得过且过，无不导致效率降低和团队根基破坏。而且，很多人在工作和家庭之间缺乏明确的界限，结果把工作问题带回家，使私人生活大受影响。

**你若为外物所苦，那苦并非出自外物，
乃出自你对它的判断；
因而你有力量随时将其根除。**

——马可·奥勒留（古罗马哲人，皇帝）

我不想用压力的话题把你压垮，但事情怪就怪在，我们正是我们自己压力的罪魁祸首。是我们对压力因素的反应"让我们生病"，而不是压力因素本身。我们将外在压力过多地内在化，导致内在压力产生。其实，无论环境如何，我们始终有力量决定以什么态度去对待。当我们感到压力时，我们专注于痛苦上，就会忽略了采取积极行动的机会。

**我们常常花费太多时间去应对压力，
以致无暇成长。**

每个人对刺激因素的反应不一样。把一个人吓得够呛的东西，也许令另一个人兴奋不已，或只是轻微刺激了第三个人。关键在于提前知晓应对压力因素的积极方式。

对微小刺激的消极反应积累起来，我们成长的能力便会被削弱。我们变得易怒且疲惫，导致压力更大。这是一种非常有用的生存机制，但不恰当发作。处在"或战或逃"的情况下时，我们必须关注消极面（逃离火场时哪有时间赏花闻香）。但是，以相同的生理反应去面对社会环境，我们就只能看到消极面，而忽视自己的优势和资源。

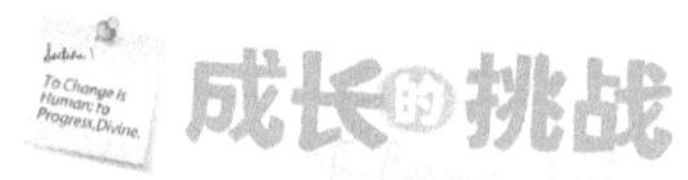

　　我们常常把压力因素想象成复杂的人际关系或严峻经济形势之类的大难题。但是，我们的焦虑很大程度上来自当今职场中普遍存在的轻微日常压力。这个世界到处充满潜在的"刺激物"：

　　——不满意的客户，优柔寡断的生意对象

　　——我们的孩子、同事、同事的孩子

　　——技术难关和产业调整

　　——不现实的工作量和最后期限

　　——慢吞吞的电脑和微波炉

　　——办公室流言和竞争

　　——冗长无序的会议

　　——长途奔波

　　——杂乱的工作区域

　　——专制的领导

　　——垃圾电话和邮件

　　——身体不适

　　这个世界提供无限量的刺激因素，这些只是一小撮而已，我们可以选择一触即溃或沉着面对。绝不要忘记这个事实：是否感受到压力，是我们自己的选择。我们有选择的力量。我们可以选择快乐、生气、紧张、眩晕。没有什么能使我们

受压，正如我们不能使别人开心，反之亦然，尽管很多情歌
这么唱。我们可以做一些可以鼓励他人选择开心的事情，但
我们不能使他们开心，这是他们自己的选择。受压是我们的
选择。当我们受压时，我们是在选择以紧张的方式应对刺激
因素。压力也许是正常的，但不是必要的。

- 你控制你。
- 你只能控制你。
- 只有你能控制你。
- 你只控制你一个。

全身心投入工作的感觉很棒，但是一定不要忘记，好好
照顾自己，对于事业和情感都有益。要增强抗压能力；花时
间做一些有助于恢复精力的事情。想要将自己置于最佳位置，
以争取在这个快速改变的世界中工作和取胜，我们就必须下
决心控制我们的思维过程，从而掌控生活和事业。对无处不
在的压力因素视而不见，只会激化问题。成长要通过认知和
行动来实现。

思考和成长：压力太大，难以成长

1. 你什么时候感觉操劳过度和压力过大？

2. 你允许自己对什么产生压力？

3. 你有什么可能跟压力有关的身体问题？

4. 你是否因为压力大而失眠？

5. 你应该开始重视压力了吗？

6. 你如何才能更好地应对压力因素？

7. 你如何才能选择不受压？

8. 你是不是时间太紧，任务太多？

9. 你是不是压力太大，难以成长？

10. 你能不能做些什么来减轻压力？

我相信你能，如果你能，就去做。

"压力是现代生活的垃圾——人人都产生压力，但如果处理不当，压力就会累积并掌控你的生活。"

——丹泽·佩斯

从压力到成长：十个窍门

1. 享受悠闲。

悠闲不是奢侈品。悠闲不是浪费时间。我们都需要时不时降低输出功率。享受悠闲对你的成长至关重要。花一些时间放松。关键是精神上的休息。千万不要感觉内疚。休闲娱乐是为生命注入活力所必需的。

——读一本你一直没时间读的书或杂志

——看一部你小时候最爱看的电影

——跟朋友喝咖啡

——逛博物馆或泡图书馆

——好好睡一觉

——听舒缓轻松的音乐

——找个业余爱好

——伸懒腰

——默想

——园艺

——洗个热水澡

——做按摩（也许你需要被揉捏一番）

——休假（即使只休息 20 分钟，也是有益的）

重要提示：休假就该是休假。如果你仍在收发工作邮件、打工作电话，那就不是休假。把工作和生活分开。如果不能完全脱离工作，我们就无法从休息中得益。

你何时放松，如何放松？

2. 想想开心事。

我说的是自我对话。我们时时刻刻都在自我对话，只不过大多数是消极、引起压力和自我限制的自我对话。

"我的工作真讨厌。"

"我累垮了。"

"我歇不下来。"

我们的大脑玄妙复杂，能做惊人的事情。但在其核心，大脑只有一个念头：确认。我们不断向自己报告有关自我和生活的情况，无论情况如何，我们的大脑都在加班加点地使之成真。所以要往好处想。练习强化自我肯定态度的心语。在心里说：

"我能处理这件事情。"

"我的决定很好。"

"我这一天过得很好。"

小心我们的自我对话。要像胜利者一样跟自我对话。用你的大脑来对付自己，是件可怕的事情。

什么念头令你开心？

3. 勇于说"不"。

大多数人承担太多的责任，尝试做太多的事情，甚至拥有太多的东西。在今天这个忙碌的世界，太忙碌成为一大压力源。我们往往习惯性地过于繁忙，以致从不给自己一个机会展现最佳状态或享受当下。

你的日子是充实的，还是仅仅被各种各样的事情所充斥？

少做事情而从生活中多拿到结果，是有可能的。当我们深深懂得"充满"和"充实"的区别，我们就会认识到：做过多少事情、参加多少活动、拥有多少东西，其实并不重要。我们没必要每一次都允许别人占用自己的时间，也不应该感到不安，因为我们拒绝的是事，不是人。

忙碌能把人累垮。如果我们立志要在这个快速改变的世界中工作和取胜，我们就必须知道自己的限度，也不要限制自己说"不"。

——在同意接手额外事务之前，先考虑你精心打造的目标和你的日程表。

——简化，将你的生活和住所中的杂物和负担清除干净。拒绝杂物。

——痛快说"不"，以重获优质时间。权衡一项要求是否符合优先条件。发现有浪费时间或阻碍成长的事情时，马上提出来。

——不要试图取悦所有人。（你无论如何都做不到。）

对占用你时间的要求，可以委婉地拒绝：

"我实在顾不上。我可以做你的后备，但请先找别人吧。"

4. 深呼吸。

深呼吸是一项极好的减压方法，常被推荐但很少被运用。深呼吸很管用，只要你不当着老板或客户的面做。以下是经典的四步呼吸法：

第一步：闭上眼睛，只注意呼吸（当然，如果正在开车或打球，请务必保持睁开眼睛）。

第二步：缓慢地深深吸一口气。

第三步：屏住呼吸三至五秒钟。

第四步：缓慢呼气。

根据需要，重复五至十次。呼吸的时候，用鼻或嘴皆可。这种深沉的腹式呼吸，有天然的放松功效。

5．寻找和创造幽默。

正如传奇导演梅尔·布鲁克斯所言："幽默是抵御外界的另一道防线。"我们的注意力一次只能集中于一点。当我们发现某种情形很可笑时，压力就自动减轻了，因为幽默取代了压力，用阵阵笑声，有时甚至用行行热泪冲走了压力。笑是良药。

幽默是一种可以学会的处事技巧，是熟能生巧的本领。跟运动相似，笑的时候，大脑释放出快乐激素内啡肽，帮助我们更乐观地看待处境，并提供更多能量来应对挑战。据说"开怀大笑"还能运动腹腔，按摩肠胃，温暖心脏。是不是很感人？

没有幽默感的人，就像缺少了减震器的车，路上的每块小石子都让其颠簸不已。

——亨利·沃德·比彻（美国牧师、演说家）

幽默恰恰也能带来利润。乐观向上、心态积极、活泼开朗的人富有吸引力。具有幽默感的专业人士能赢得他人的尊敬。请寻找让你发笑的事，而且要时不时地自嘲。

什么让你发笑？

某个情形的可笑之处在哪里？

6. 出汗减压。

你听说过这种新潮玩意儿吗？人们称之为"定期运动"！当我们忙得四脚朝天时，运动能使我们脚踏实地。运动促进人体释放快乐激素内啡肽，有助于情绪饱满、感觉良好，这是身心的天然止痛药和镇静剂。好好锻炼一番之后，我们的心情会更好。此外，运动给我们一种积极的成就感——我们的衣服也不那么紧绷了。

通常的建议是：每周进行三四次持续 30 分钟的出汗运动。但即使是每天零敲碎打地锻炼几分钟，也使我们对压力刺激的看法大有改观。

轻快的步行和轻柔的伸展，也能改善你的情绪，帮助你保持克制。别光说不练，到外面去。新鲜空气和阳光对你好处多多。关键在于找到你感兴趣的运动方式。

感觉运动寂寞无聊？

找个朋友陪你一起出汗。我敢打赌，他们会像你一样，充分享受运动和内啡肽的好处。

7. 计划好开支，然后储蓄，储蓄，再储蓄。

我们都知道欠债是一个严重问题。美国家庭负债数字令人瞠目。在巨大的债务阴影下生活是灰暗、憋屈的。挥之不去的债务问题在我们心中作祟，不断向我们施压。电话铃在吃饭时间响起，烦人的银行提醒又来了。

为迎接成长的挑战，我们必须甘愿调整消费行为，以便能睡得安稳，并实现目标。

——制定财务目标，承诺去实现它们
——每月还清所有当月的信用卡欠款
——立刻开始储蓄，时间不等人
——买足人寿保险
——别让情绪支配购物或投资决定

以上各条有助于我们摆脱压力，实现成长。

8. 正确和足够睡眠。

活力充沛的身心能有效应对压力。毋庸置疑：我们的头脑和身体需要休息以恢复精力。每天保证七到八小时的睡眠。我知道，每天睡七到八小时很难，那就至少做到每晚在同一时间上床，让你的头脑和身体得到再充电所必需的休息。

即使我们努力做到按时上床，还是常常由于压力太大而难以入睡。这种情况很糟糕，因为压力已经令我们疲惫不堪，却辗转难眠，这令我们压力更大，更疲惫，更恼火，更难成长。

在难以入睡的时候，去洗个热水澡，尽量不去想睡不着觉会带来的麻烦，因为这只会妨碍你入睡。

你可以尝试维克多·弗兰克的"矛盾取向法"。也就是说，如果其他方式都不奏效，你就假装必须保持清醒，或让自己相信保持清醒是好事，没什么大不了的，这样一来，十有八九会让你的头脑陷入混沌状态。装出一副对失眠满不在乎的样子，即使一开始感觉很假，但至少让你平静下来，甚至有可能以弗兰克预期的方式见效。

9. 给身心正确的燃料。

挑战耗费精力。缺乏"正确燃料"导致问题丛生，如疲劳、注意力不集中、情绪低落、口臭、行为失常等等。我们的头脑和身体得到均衡营养时，会更有效地应对压力。用好营养来滋养你的身体，以应对人生挑战。

告诉我你吃什么，

我就能说出你是什么样的人。

——安参·布瑞莱特·沙瓦瑞（法国美食家、法官）

嘿，我可不是营养专家，你也不需要什么专家。你知道"好养料"是什么吗？就是我们千方百计哄孩子吃的那些东西。

至于饮酒：宿醉永远无补于事。

10. 解决问题时灵活变通。

给自己充分时间去应对挑战，并且找出最佳、也许是新颖或独特的成长方式。乐于尝试新的解决办法。长途奔波和交通堵塞很浪费时间，你可以利用这段时间来提升自己。听一些开阔思路的 CD。思维僵化促使压力生产。

——别让条条框框限制可能的解决办法。

——把大难题和挑战分解成小块，各个击破。

——多方征询意见和建议。

——调整你的视角。想象自己是个小孩，是个亿万富翁，甚至骑着光束在旅行。

从这种新视角，你如何看待挑战？

重要提示：

如果你感到压力实在太大，跟你的家人、朋友或心理咨询师聊聊。寻求帮助。说出来。不要让压力阻碍你的成长。**强者亦需外援**。

每天活在成长中。

爱因斯坦，送我上天

据说，爱因斯坦曾经想象自己骑着光束旅行，从而提出了相对论。真是奇妙的理论。

总有时间成长

时间最公平。每个人每一天获得的时间都是均等的——都是 24 小时，1440 分钟。没人少得，没人多得。时间不能被减慢、停止、加快，或像钱一样积攒起来。时间在流逝，一直在流逝。

如何有效利用时间？

答案因人而异，因为结果的价值因人而异。某种时间分配方式对我而言是明智的，对你而言未必。然而，我们每个人都会在无关目标的日常活动上投入一些时间。我们知道获得短期利润不如朝既定目标成长重要，却花太多时间在上面。正因为这样，提醒自己不忘记达到目标所带来的好处，就特别重要了。

你只能活一次，但只要活得好，一次就够了。

——梅·蕙丝（美国女星）

每个人都对自己说："唉，如果我能找到时间，我就想……"时间不需要被找出来，它就在这里。时间需要被明智地使用。每天我们都在选择往哪里投入时间，这是有理由的。通过更加明智地管理时间，我们可以使压力最小化，提高生活质量，而且还有时间可以成长。可惜，时间管理属于学校里不教的那种生存技能。

时间管理，
就是以尊重时间为原则的自我管理。

我一定要报个班学习时间管理
……只要我能安排进日程表。

——路易斯·布恩（美国营销学专家）

思考和成长：总有时间成长

1. 你什么时候觉得在浪费时间？

2. 你有做事拖沓的毛病吗？怎么养成的？

3. 你需要加强"时间管理"能力吗？为什么？

4. 你的生命中有哪两件重要的事，是你必须做却没做的？

5. 目前，如何利用你的时间，才能使它最有价值？

6. 你对每天需要完成的事项列表排序吗？

7. 在一天的哪个时段里，你的工作最有成效？

8. 你每周都做的哪两件事，是可以由别人完成，而且应该由别人完成的？

9. 就短期目标而言，如何利用你的时间最佳？

10. 就长期目标而言，如何利用你的时间最佳？

总有时间成长：十个窍门

1. "做"还是"不做"。

20 世纪 20 年代末，伯利恒钢铁公司还处于初创期，总裁查尔斯·施瓦布聘请管理顾问和效率专家艾威·李帮助他和他的团队提高工作效率。对施瓦布进行数小时的观察之后，艾威·李声称他可以用 20 分钟传授一套时间管理体系，使施瓦布及其管理层多完成 50% 的工作量，而无需工作得更辛苦或更长时间。施瓦布问这套建议卖多少钱。李回答："照我的方案做六个月，你觉得它值多少钱，就给我寄一张多少钱的支票。"

李的建议如下：

1. 写下你次日必须做的事情。

2. 按实际重要性给这些事项编号。

3. 每天从清单上的第一件事开始做，抓住不放，直到完成（或竭尽你所能）；然后做第二件，第三件……

6 个月后，李从施瓦布那儿收到一张 25000 美元的支票，相当于今天的 40 万美元。40 万美元——买一个待办事项清单的点子？我应该给这本书提高定价！

查尔斯·施瓦布及其管理层采纳了艾威·李的"待办事项清单"建议，在 5 年之内把伯利恒钢铁公司建成世界上最大的钢铁企业。

待办事项清单不是常识吗？可是有几人这样做呢？

关键是要区分轻重缓急，在第一要事完成之前，绝不去碰其他 15 项"应该做"的事情。这样，我们就不会看着第 12 项说："噢，那不会花太长时间的，我就先做那个吧。那个容易些。"按优先次序做事情，能确保我们把时间和精力，投入到那些给我们的人生带来最大利益的任务和步骤上。如果我们不知道当前应该做什么，怎么可能把握时间去完成呢？

**如果你想好好利用时间，你就得知道什么最重要，
然后全力以赴去做这件事。**

——李·艾柯卡（福特汽车公司前总裁）

一天结束时，你的清单上还有事项没完成，不要紧，这很正常。如果你采用艾威的体系，你已经处理了最重要的事

情，其他事情顺延到次日。

我的好友达伦·马丁告诉我，每当开始工作，他总要先用至少一个小时来专门处理待办事项清单的第一要事，然后才去查收邮件。他说，即使他不能把这项第一要事用一个小时做完，他也很可能尽快回到这上面来，因为他已经开始做了。加油，达伦。

有些人觉得一定要动笔写出事项清单才行，觉得这样做给每一事项倾注了更多责任心，因为他们甘愿每天重写清单，直到事项被划去。也有人认为，动笔在纸上写字的动作，以某种方式把事项嵌入大脑皮层，使其更有可能被完成。很酷，继续努力吧。

另一些人喜欢使用时间管理软件，这种软件能把清单分解成易于管理的小块。这也很酷，继续努力。

找出适合你的方式，别把清单搞得太大，让自己叫苦不迭。只做"应该做的"。

2. 使用计划表。

绝大多数成长中介都使用某种时间管理工具，比如手机日程表、每日计划簿，诸如此类。你要随身携带计划表，随时添加新事项，划去完成的事项，留出时间处理具体事宜，比如预约、联络、随访。确定打电话的具体时间段，甚至具体地点，可以显著增加落实行动的机会。将事项程序化，从而减少拖延、浪费时间和磨洋工的风险。

**我们不找时间，不挤时间；
我们只是安排时间，利用时间。**

使用计划表时，一定要跟踪目标进度和时间利用情况。密切跟踪有助于我们更好地知道，在预定时间段内能完成什么。

3. 切合实际定计划。

我们常常高估在一定时间内能完成的工作量，总是把日程排得太紧。满满当当的一天过去后，剩下的往往是失落、失误、失望，甚至自我惩罚。这样不只苦了自己，也苦了别人，因为我们会分心、紧张、准备不足、赴约迟到。出行的时候，一定要预留足够时间，以备交通堵塞和其他耽搁，这样，当你到达应到的地方时，你才会处于应有的状态。

制定切合实际的日程表，能给我们带来一些静下来的时间。静下来不等于关闭。给自己一点喘息的空间，使我们能仔细思考、重新分组、重新聚焦，也许还会想出能积极影响生意的新点子。

4. 正确分派任务。

在他人的帮助下，我们可以取得更大的成就。我们不应该只分派工作给全职员工。分派对象可以包括我们求助的其他人，这样我们就能在其他方面成长。外包就是一种委托。我把草坪养护、记账和烤披萨的事务全外包出去了。（这得感谢必胜客。）

分派任务不是推卸。作为领导者，如果我们分派给他人的任务没有完成好，责任在我们自己，很可能犯了以下两种错误之一：

A. 没有沟通清楚任务，且 / 或没有提供正确的工具；

B. 把任务分派给了错误的人。

把错误信息分派给错误的人，导致改变。

把错误信息分派给正确的人，导致改变。

把正确信息分派给错误的人，导致改变。

把正确信息分派给正确的人，导致**成长**。

正确信息是指提供：

——明确的目标（目标必须明确，但允许殊途同归。克服什么事都管的微观管理倾向）

——培训（课堂和／或岗位培训）

——切合实际的期限（确保你分派的人知道任务的相对重要性。）

——奖励／惩罚

你待办清单里的哪些事情，可以由别人处理？你每天都做的哪些事情，可以由他人代劳，以便你有时间去做你想做的事情？

事实上，人人都能为他们选择去做的事情腾出时间；真正缺乏的不是时间，而是意愿。

——约翰·拉伯克爵士（英国生物学家、政治家）

5. 效果重于效率。

"效果"和"效率"之间有很大差别。有效率是指我们能在短时间内完成某个任务。然而，除非这个行为使我们更接近目标，否则就是无效的。

有效率的本意是快速产生结果。

有效果的本意是产生预期结果。

有时候，效率提高导致效果降低。例如，在快节奏的生活和工作中，我们当然寻求效率更高的沟通方式。我们发电子邮件而不是打电话，召开电话会议而不是面对面开会。这些沟通方式也许更有效率，但实际上效果可能不如被取代的那些方式。

显然，既有效果又有效率，应该是我们追求的目标，但如果为求效率而牺牲效果，那么我们无论正在做什么，行为目的都打了折扣。销售电话可以打得很有效率，一小时打了25个，但是如果目标是成交或约见，这种打法就不一定有效果。我们可以高效率地处理客户问题，但不见得效果好。

有时我们完全是做了错误的事情。在《每周工作4小时》一书中，蒂莫西·费里斯教导我们，不应该把时间浪费在高效完成无效工作上，而应该努力限制或消除这些浪费时间的事情。

根据80-20法则（又称为"帕累托法则"），80%的回报或效果来自20%的努力。关键在于要知道那宝贵的20%是什么，然后把大部分精力都投入在这些上面。

效率肯定不可或缺，但是效率绝不是目标。效果才是至关重要的，而效果是主观的。不应该为求效率而放弃任何关键的东西。效果好效率差，强过效率好效果差。当然，最好是效果好、效率也好。工作和取胜就是要掌握方法，既高效又有成效地"成长"。

帕累托法则

约瑟夫·朱兰是 20 世纪质量管理专家，他以意大利经济学家和哲学家维尔弗雷多·帕累托的名字，来命名这个确立已久的法则。帕累托观察发现，意大利 80% 的财富被 20% 的人口所掌握。术业专攻质量管理的朱兰扩展了帕累托法则，把它运用于生产力领域。（比如，80% 的销售额来自 20% 的客户。）这个法则也被称为"关键少数和无用多数"，但朱兰更喜欢以"关键少数和有用多数"来表示，剩下的 80% 不应该被忽略。

6. 圈定时间。

为重要事项圈定时间，比如打电话、阅览行情、看邮件、睡一小觉。（我没有开玩笑。）圈定时间在处理电子邮件时特别有用，因为某个人通过电邮立即联系我们，并不意味着我们必须立即回复。大多数人并不指望立即得到回复，只要及时回复就行。

以前，我每当听见提示音就去查邮件。现在我把这个收到新邮件的提示音关掉了。一收到邮件就阅读并回复，不是利用时间的有效方式。只要那些最重要的人知道如何在紧急时候联系我们，我们就不妨每天只安排四到六次电邮往来。

7. 大题小作。

笑话——问：你怎么吃一头大象？

答：一口一口地吃。

万事开头难。一项庞大计划摆在眼前，我们很乐意去实现，却没有把握完成，于是连开始都免了。杜绝拖延的关键，是把计划分解成易处理的小块，以免不知所措。让我们开始吧！

开始等于完成了一半。
要敢当智者，开始吧！

——贺拉斯（古罗马诗人）

8. 建立更多无价的生意关系。

这是时间管理窍门吗？当然是。我们拥有无价的生意关系越多，就越能快速有效地办成事。走出去，去破解人脉网络密码吧。

9. 敢花时间。

如果我们没有时间把事情做对，也就没有时间把事做错。第一次就把事情做对，往往在开始时要花很多时间，但是，改正一连串的失误，从长远来看很可能花费时间更多。这种论调也许奇怪：好的时间管理，往往意味着对某些事务的较慢反应。

比如，我们把时间投入到一项高优先级的活动上，此时或许就不会去接电话。我们需要花费必要的时间，去把工作做好。

管理不了时间，其他的一切都管理不了。

——彼得·德鲁克（现代管理学之父）

<u>10. 找出成效最高的时段。</u>

尽量把重要的活动和艰巨的任务安排在你工作成效最高的时段。那是什么时候？因人而异，不过每人每天都有一个最容易出成效的时间段。

为了找出你成效最高的的时段，请试着写一两周日志。记录完成的工作量和相应的时间值，找出可以更明智利用的时间；看看哪些事情比较浪费时间。以 30 分钟为间隔，来监控自己，你就能大有收获。每过半小时要想一想：为了成长，哪些行为必须改变？设计你的日程表，利用最佳时段，去做最重要的事情。

总有时间成长。
每天活在成长中。

Section 4

第四部分

在改变中
寻求成长

停止，迎接，行动

在改变中寻求成长

每天，每小时，每分每秒，我们和这个世界都在改变中。有些人或许觉得自己抗拒改变，甚至声称自己不可改变，然而改变总在发生。婚姻、毕业、新工作、新生儿都带来改变。吃一顿大餐、看一场伤感电影、结识一位新人，也会带来改变。我们每天都要经历并应对改变。每天的常态都不尽相同。

重大改变的到来，可以像俄克拉荷马的龙卷风一样，把我们抛起来，甩得七荤八素，然后扔到远离舒适区的地方。萎靡的经济状况和糟糕的商业气候（更别提自然气候了），使人容易理解，为什么这么多人难以找到从何处开始并且持续成长。然而，即使在最艰难的时期，成长的机会依然存在。

在改变的世界中工作和取胜，需要采取新的步骤，提高成绩，另辟蹊径。放弃熟悉的事物和舒适区来的安全感，是艰难和可怕的。我们常常希望跳过转变期，迅速到达另一侧，以便重新获得某种程度的舒适感。在应对不确定的事物时，我们应当谨慎，以免动作太快而失掉前进的机会。

在改变中寻求成长，有三个关键步骤能使你在这一过程中保持自信和高效：停止。迎接。行动。

停止

停止打击自己（和别人）

人无完人。如果我们完美了，就不属于这个世界了。很多人怀着既不健康也不实际的完美主义标准，去要求自己（还有别人）。这不好。

永远不要打击任何一个持续取得成长的人，无论成长多慢。

——柏拉图

（"任何一个"包括你！）

当我们专注于打击自己时，我们是在瓦解自己的决心和毅力。相信我，外面有很多人巴不得为我们做这事呢。对自己（和别人）放宽要求。不断成长并不是完美无缺。

停止指责别人和对旧事抓住不放

难以接受、适应改变和不确定性是正常的，尤其是那些非我们引起或非我们所愿的改变。要着眼于全局，正确看待问题。别只盯着不公正的地方。要着眼于你的下一步。

如果不小心，我们就可能浪费大量优质时间和精力，去纠缠、怨恨、猜想别人的行为。这种思维方式会扼杀我们的创造力和想象力，把我们困住。怪就怪在，我们被困住了还觉得挺舒服，因为转变思维常被视为更加痛苦。

不妨识别那些对我们的生活其实没太大影响的事情，把它们放下，但不要因此而厌恶自己。我不是说事情没有后果，但是不一定要让压力和自我怀疑妨碍我们成长成为后果之一。事情曾有过改变。事情曾有过成长。只有那些成长的过去，才值得我们念念不忘。

你的下一步往哪儿迈？

相信自己应该行动，并采取行动。不要怀疑自己。要让好事情发生。

停止拖延！

如果拖延使我们裹足不前，无论我们有多么娴熟的技艺或自称有多么强大的决心，都没有用。拖延的根本原因有以下三点：

1. 没有真正 100% 承诺。我们实在不能说："我承诺过，只是什么都还没有做。"当我们真正承诺时，我们就会行动。

2. 恐惧失败。伟大哲学家爱默生一针见血地说："做你恐惧的事情，恐惧自然会消失。"行动有助于消除恐惧和疑虑。

3. 技能不足，难以完成任务。如果不知道如何做某事，必须找出办法。有无数渠道（书籍、课程、同事、导师、网络）供我们寻找可靠信息，帮助我们稳步前进。

别让此刻的感受挡路

希望做什么和喜欢做什么之间，常常隔着一条鸿沟。希望做什么是基于预期结果和对以后出现的感受的正常猜测，而喜欢做什么是基于此时此刻的感受（难分难解吧）。真正棘手的是：当二者一致时，我们才做得最好。

穆罕默德·阿里算得上有史以来最伟大的拳击运动员，他说过一句名言："我痛恨训练的每一分钟，但我说：'别放弃。现在受苦，然后以冠军身份度过余生。'"他没说不想训练。他说的是痛恨训练。他不顾自己对训练的感受而坚持训练。他希望继续训练，因为这样他会获得有益的结果。他想做他不愿做的事情，因为他会感受到成长。他不喜欢训练，但他依然训练，因为他盼望苦尽甘来。一定不要让此刻的感受阻碍我们成长。

有时候，我们不得已要做许许多多当时觉得不是超级有趣的、考验意志的事情，比如给房间吸尘、打销售电话、练习举重、不吃甜点、设定闹钟等等。但是，感受会很快改变的。关键是把行动建立在对未来享受的追求上，而不仅仅建立在某个时刻的意愿上（难做到，但必须做）。

生活不会停止不前，所以你必须驾驭它。

——伍迪·格思里（美国民歌手）

停止改变，开始成长。

我已经讲过这条。让我们谈下一步吧。

迎接

　　我们若要发挥潜能、取得成长，就必须专注于可能性上，虽然这样做可能不舒服，甚至痛苦。每个人都有不可思议的潜能，在大多数情况下，我们的潜能受到自己心态的局限，无法发挥出来。若要在改变中寻求成长，我们必须首先强化自己的心态。

　　在这个瞬息万变的市场环境中，更是如此。无论我们采取多少行动和方法以求成长，必须首先在心态上是愿意的。当形势变得艰难时，心态必须坚强，才能保持成长。

　　面对不确定的未来，是需要勇气的。未来固然捉摸不定，却也提供了成长的机会。就连不受欢迎的"改变"，也能给人机会，但我们必须有正确的心态才能认出并抓住机会。动荡和难题是生活的动力，可以被视为成长和前进的机会。爱因斯坦说："困难之中暗藏机遇。"

　　迎接改变，把它当做成长的机会。接受能唤起我们的力量，去驾驭改变并创造成长。有些转变是可喜的，有些不是。无论是不是，我们都要认识到，自己正处于改变之中，需要注意它。

当你停止改变的时候，你就停止存在了。

——本杰明·富兰克林（美国科学家、政治家、思想家）

我们对改变的反应创造我们的未来。与改变互动，与改变相亲。我们不能控制自己遭遇的事情，但能控制对遭遇的反应。

做好准备，调整心态，随机应变。当我们迎来新经验时，我们就在自己身上发现了以前未知的潜能。不做比做，往往更耗精力。灵活看待问题是有益的。我们应该停止在打消念头上耗费精力。抓住几个念头，放胆去做。要想"我会做"，而非"我不会做"，或"这行不通"。

通过致力于终身学习，来创造你的未来。仅仅知道改变正在到来，甚至为什么必须改变，都是不够的，知道如何成长才有用。为这个世界及其无尽的成长机会做好准备。学你所需，学而不辍。

行动步骤往往需要时间才能生效。给足时间是很重的要。然而，我们也必须足够明智，知道何时改用其他方法和策略以便前进。坚持成长，而非死守计划。坚持行动。打开你的眼睛、耳朵、大脑和心灵，为成长做好准备。

迎接成长。

咆哮乐队扔炸弹

第二次世界大战在催生咆哮爵士乐上起着很大的作用。第一次世界大战号称是"结束所有战争的战争"，但是在它之后，又发生了第二次世界大战，在这场战争中，很多当时已成名的音乐家应征在军乐团里演奏。而年纪太小不够征兵资格的青少年音乐爱好者，被剩了下来，在俱乐部和巡演乐队里演奏。

战争期间经费的削减和娱乐税的缴纳，鼓励这些年轻音乐家以少胜多。乐队精简至四到六人规模，他们不经意间创造了一种探索爵士和蓝调音乐之即兴元素的理想手段。

摆脱了大乐团编排上的要求和束缚，这些较小的咆哮乐队得以让各个乐手进行流畅的即兴演奏。咆哮乐变成爵士乐发展的一种新方向，成为一种新的艺术形式。

咆哮乐在节奏上，由贝司手和鼓手负责稳定的节拍。这种新方式允许鼓手以大鼓和小鼓制造节奏重音，与主唱互动，犹如一唱一和。咆哮乐中的这种互动被称为"扔炸弹"。

音乐中的即兴演奏与我们日常的随机应变和协调合作，没有多大的不同。我们大家都能在自己的生活中"咆哮"出成长的节奏。

行动

采取行动，不断向前。正如幽默大师威尔·罗杰斯所说：
"即使你走上了正轨，如果只是干坐着，你也会被碾压。"
要坚持不懈地做你认为有助于你向前成长的事情。

马上开始，采取行动，要有活力，敢于失败。时间不等人。
你越早发现什么行不通，就越早发现什么行得通。你越早起
步，就越早成长。每迈出一小步，你就在信心里成长，兴奋
度也随之提高。

想想你能采取什么有助于前进的行动，即使只朝你的目
标前进半步。迈出那一步。成长就是一步一个脚印地向前进。
迈出今天的一步。尽力做到最好。冒冒险，试试看，你怎么
知道不行……

……有时候球就进洞了。

——老杰瑞·迪恩·林赛
（痴迷的高尔夫球手和狂热的乐观主义者。愿他安息。）

专注于现在，而非以后。我们只有今天，所以要充分利用。坐下来好好想一想，比如一个新点子、现有销售方案或客服方法的调整，或者朝目标前进的可行步骤。做任何事情的最佳时机，都是现在！

专注于你今天正在做的事情，以推动你或你的组织朝着目标前进，而不是只是寻思："我必须等这事或那事出来之后再做。"我们总有不采取行动的理由。

我们总能找到光明正大的理由去拖延。别等某件大事情发生后才前进；也别等情绪到了才出发。今天就做一件小事情，一件你认为有助于你在改变中寻求成长的小事情，无论多么小。关键是要立即开始。别看书了，去做事情吧——但做完事情还要回来！

培养现在就做的习惯。要有冲劲。要积极主动。你现在十有八九正处于学习过程中，所以要学会说做就做。在评估可能的结果后，要承受得起失败，要尝试新事物。人就是这样成长、聪明、进步的。这不都是老生常谈吗？

成长中介的两步成长法

第一步：获取可靠信息。

第二步：依可靠信息行动。

就这两步，很简单。获取可靠信息并依可靠信息行动。如果发现信息没用，怎么办？获取可靠信息并依可靠信息行动，一次又一次，一次又一次。

任何真正成长的取得，都是对那些我们曾认为是已知事物重新学习的过程。

——亨利·大卫·梭罗（美国作家、哲学家）

如今，只要寻求，信息唾手可得。优质信息到处都是——在网上、在书里、在录音录像材料中、在培训课上。真的，不知道如何做事情，是所有借口中最无力的。

只要我们有足够迫切的愿望，就有获取所需信息的办法，哪怕需要付钱才能得到。不要想：我不知道怎么办；要问自己：我能从哪儿得到所需的新信息（知识和技能）？

找人跟你进行思想碰撞。组织一个智囊团。每个人都认识某些有天赋有技能、可以跟自己互补的人。整合你们的想法，创造你想要的。不要以为自己在孤军作战，没人能帮上忙，应该不停地问自己："谁能帮我，我能如何帮他们？"

当改变到来时（它正在来临），每个人都应该果断地去适应改变，而不是被动地任由改变摆布。我们可以选择如何控制自己的行为和处境，创造成长。

不尝试就永远不知道结果。我们总能重整旗鼓，再次行动。没做成，比没做要强。为什么不试试？

做下一件正确的事情，至少是你认为正确的事情。把正确的事情做错了，强过把错误的事情做得很好。关键是去做一些事情。学一些东西。做一点尝试。

行动吧，往前奔跑！

停止。迎接。行动。工作和取胜。
每天活在成长中。

不要为世界改变而哭泣——它若保持稳定不变的状态，才真该为之大哭。

——威廉·卡伦·布莱恩特（美国诗人）

思考和成长：在改变中寻求成长

1. 你已经把自己过去的哪些改变转变成了成长？

2. 哪些改变正在重塑你的行业？

3. 你的个人生活正在发生什么改变？

4. 你将如何在改变中寻求成长？

5. 你需要停止做、停止想什么，以便开始成长？

6. 你让哪些感受挡了路？

7. 你如何才能更积极地迎接成长？

8. 你需要忘却什么以便成长？

9. 你从哪儿能获得可靠信息？

10. 你何时采取行动，不断向前？

第五部分

生命不息，
成长不止

不必什么都做，但不能什么都不做

你可曾给好友打电话问："做什么呢？"他们回答说："没做什么啊。"一个人不可能什么都不做。什么都不做要靠大量服药。实际上，大量服药也是事情。睡觉是事情。望天是事情，刷牙是事情，挠痒痒是事情，吃一盘豆子是事情，在诊室里候诊也是事情。人总是出于某个理由把时间花在某处。我们未必有意识地去想做事情的理由，但我们无时无刻不在做着什么。

**无所事事并不像看上去那么容易。你必须小心，
因为做事情的念头会轻易导致你做些什么，
这会打断你的无所事事，
并且迫使你必须放下所有事情。**

——杰瑞·宋飞（美国喜剧演员）

我们都曾在某个时刻问过自己："我为什么做这个？"自觉不自觉地，我们选择去做自己当时认为是最好的选择；甚至明明知道那样做对自己不好，但仍然去做。这是有理由

的，是我们的理由。也许说不清道不明，甚至想不通，但我们采取行动是有理由的。行动未必是我们希望自己木来想采取的，但我们还是选择那么做（鉴于客观环境和预期结果）。"悔不当初"就是这个意思：希望自己本来做了别的事。

在回顾后悔的行为时，我们发现，当初自己以为采取某种行动，会有助于获得愉悦、心安、利润、荣誉、躲避痛苦和力量等等感觉；而之所以后悔，是因为我们没有得到期待的感觉，或者我们的行为使他人失去那些好的结果。

你可曾听见有人说过"我没有选择"？此言差矣。我们总有选择，通常有多种选择。选择或许不适意，不安全，甚至不合法，但是总有选择。每种选择都有结果。也许我们把结果视为讨厌的负面结果，但确实有选择的余地。选择或许不是上乘之选，但是总归有的选。（这话真绕。）

我们并没有那么多"非做不可"的事情。

我们不是非得亲吻配偶。

我们不是非得锻炼；我们不是非得祷告。

我们不是非得微笑，甚至不是非得刷牙。

我们不是非得睡觉，不是非得还贷。

我们不是非得喂宠物，不是非得拥抱孩子。

我们不是非得供孩子上大学（或教宠物学什么）。

我们不是非得吃东西。

你说："且慢，迪恩。我们非吃不可。"

有没有人选择不吃？有。

他们结局如何？他们死了（死得很痛苦）。但这仍然是一种选择。（如果你认识我，你就知道我选择吃，选择拥抱孩子，选择祷告。）

我们不是非得缴纳所得税。不交税的结果包括进监狱，但那是我们的选择。

我们不是非得遵守红绿灯。不遵守的结果包括伤害自己或他人，这同样是我们的选择。我们不是非得工作，但是大多数人都认为：工作的好处超过不工作。

我曾经询问与我共事的一群人："你们非得工作吗？"

有人嚷道："如果你不想住帐篷，你就非得工作不可。"

我说："有没有人选择住帐篷？"

他们回答："有。但我不想住帐篷。"

我说："就是嘛。"

这些都是我们所做的选择。选择蕴含力量。我们每时每刻都在做决定，相信这些决定将帮助我们在短期或长期内感受成长六要素。举例说，大多数人都会说，如果自己不用"非得除草不可"，就好了。

为什么要除草？

——也许我们希望像邻居一样有个好看的院子，不想它又脏又乱。（荣誉、躲避痛苦）

——也许除草给我们成就感和思考的机会。（心安、愉悦）

——也许我们认为除草是一个运动的机会。（愉悦、躲避痛苦）

——也许我们不想被市政罚款。（躲避痛苦）

——也许是另一半"命令"我们去做的。（免除不做另一半希望之事的痛苦；从讨好另一半获得愉悦）

——也许宁愿省钱，而不愿雇别人除草。（利润、躲避痛苦）

如何评判结果的好坏是主观的。拥有一片修剪整齐的草坪，对某些人意味着成长。然而对另一些人，搜罗囤积古旧化妆盒意味着成长。行为总是有结果的。我们不可能一事无成。情绪的起伏伴随我们所做的每一件事情。新的常态出现了，也许只新那么一点点，但毕竟是新的。

出售旧货带来些许利润。

揍人一顿带来些许力量。

吃一筒薯片带来些许愉悦。

我们可能不喜欢或不在乎行为的结果，但行为总有结果——这些结果进而影响我们的下一个行为。

某种行为（吃那块三明治、为那家公司工作、用那家无线网络运营商、读那本书、穿那双鞋、买那套房），是否致使我们充分感受到愉悦、心安、利润、荣誉和力量？

某种行为是否有助于我们躲避痛苦？

当有人选择使用我们的产品和服务时，则产生影响双方的结果。当有人决定不使用我们的产品和服务时，也产生结果。这也是相当主观的。我们评价成就和判断成功的依据，就是投入时间和精力做某件事情，是否有助于我们充分感受成长六要素。

既然我们不能什么都不选，那就选择成长吧。

确定你的成长参数

- 工作和取胜对你有什么意义？
- 什么会带给你最大的愉悦、心安、利润、荣誉、力量和躲避痛苦的感觉？
- 你的目标是什么？为什么？
- 你想从人生中获得什么？

这些重要问题，实在太不受重视了。我不会以为知道你希望从人生中获得什么，但我的确知道：如果我们不知道自己真正想要什么，我们的行动就是徒劳。

以下的成长参数练习，也许令人紧张，因为我们一般不花时间去想这些。我们日常的生活琐碎忙碌，甚至不给自己思索人生大事的机会。

四分钟的个人成长参数练习四步曲

第一步

拿出一张纸，在顶端写上今天的日期，但年份加上 15 年。然后写上："今天，我……"写上你的年龄，也加上 15 岁。（挺可怕的，我知道。）

第二步

想一想你在未来 15 年内希望实现的一切。深呼吸，然后不停笔地写满 4 分钟。写下你想在今后 15 年内做到的一切。

你要假设你在纸上写下什么，就会发生什么，没有写的就不会发生。列出你希望体验的经历、希望帮助的人、希望获得的东西、希望拥有的品格。也写下你希望停止发生的事情，希望抛弃的坏习惯或坏心情。你就是艺术家。描绘你的愿景。要敢于梦想。

确定成长参数的思考题

- 你对未来 15 年有什么愿景？
- 你希望做出什么成就？
- 你希望见到什么？

- 想结婚？想再婚？想有孩子？

- 想多花时间陪孩子？

- 想送孩子上大学？想开一家宠物店？

- 想游历哪些城市和国家？

- 想寻访新的世界七大奇迹吗？

- 想戒酒、戒烟、戒油炸食品吗？

- 想在音乐会上见到哪几位音乐家？

- 想参加比赛，或乘坐直升机吗？

- 想登山、跑马拉松、举起 200 磅的杠铃吗？

- 想获得硕士学位吗？

- 想获得跆拳道黑带吗？

- 想写一本书，或学弹吉他吗？

- 想学潜水、拳击或开飞机吗？

- 想帮助什么人吗？谁？

- 想给慈善机构捐款吗？哪家机构？

- 想照顾年迈的父母？

- 你想要什么？

人生提供无尽的选择。

对你而言，哪些是成长，哪些仅仅是改变？

你的成长参数是什么？

第三步

估算实现每一项，需要花多长时间，从今天算起。

一个月？半年？一年？五年？十五年？

提示：最多十五年。

第四步

回到页面顶端，圈出年份（加 15）和你的年龄（加 15）。页面上唯有这两项是事实。十五年之后，你就是那个岁数。

其余的，就看你的了。

每天活在成长中。

你知道吗？

2007 年 7 月 7 日（07.07.07），在葡萄牙里斯本的一场典礼上，世界新七大奇迹正式揭晓，它们是：

墨西哥奇琴伊察玛雅城邦遗址
巴西里约热内卢基督像
秘鲁马丘比丘印加遗址

中国万里长城

约旦佩特拉古城

意大利古罗马斗兽场

印度泰姬陵

埃及大金字塔是原来"古代世界七大奇迹"里唯一存在至今的。人们决定不把大金字塔包括进新七大奇迹里，而是作为唯一幸存的古代世界奇迹，给予特殊赞誉。

打造以成长为本的目标

为在这个快速改变的世界中工作和取胜，我们必须承诺于打造极富魅力、极具诱惑的个人及团队目标，以使我们情不自禁地不断做出选择，推动我们实现目标。

在英语里，打造是"Crafting"，指精巧、精心、精细地制作或建造。Goal 是目标、目的、意图。

打造目标，Goal-crafting 就是建造极明确、极精细、极实际、极诱人且无纰漏的个人或团队目标，使其真正成为我们在实现目标的旅程中借助的工具。

缺少精良打造的目标，
我们的生活和组织也会发生改变，
但未必会成长。

精良打造以成长为本的目标，不仅提醒我们想要达到的目的，也有助于创造实现目标所需的条件和环境，并促使我们采取能带来成长的行动，坚固我们在改变的世界中工作和取胜的意志。

成长中介的目标打造六法

<u>1. 以成长为本的目标，是写下来的、视觉化的。</u>

写下来的目标是思维的结晶，可提高我们的承诺感，帮助我们识别激发强大行动的强烈动机。书写给目标增添了分量和重要性：不知何故，意识和潜意识都更认真对待它们。写下来的目标在培养行为习惯上也起着关键作用。

**一个人如果不知道自己寻觅哪座港湾，
什么风都对他有利。**

——吕齐乌斯·安涅·塞涅卡（古罗马哲学家、作家）

有了明确目标，头脑才会努力去实现。动笔写下来，并反复阅读目标，开启了我们头脑中的"能做"开关，启动了实现目标的能量流。目标经过书写、阅读、再写、修改、重读，深深印入我们的潜意识。我们也许不知道实现目标的确切方法，我们的意识甚至未必认为可行，但是，如果我们写下目标，且天天想象目标实现的情形，我们的潜意识便会全力使之成真。

揭秘："耶鲁目标调查"常常被人引用，以证明书写目标的强大作用。然而，很多学者质疑这项"调查"的真实性。这项所谓的调查宣称，在1953年毕业的耶鲁大学生中，有3%写出了未来目标，20年后发现，这些人的财富比其余97%的毕业生拥有的财富总和还多。遗憾的是，虽然"耶鲁目标调查"很可能是一个都市传说，但恰当写下来的目标确实至关重要，据估计，如今只有不到5%的人拥有它。为提高这一比例，让我们这就坐下来，把目标写下来吧。

2. 以成长为本的目标，与个人成长相连接。

说白了，每一个参与目标实现的人，都必须相信这样做对他或她有利。我们不太可能去实现一个对自己毫无好处的目标。一个目标若要真正利于实现，在想象其实现的时候，它必须能让我们真正兴奋起来。对那些必须有所行动的人，某个目标为何意味着成长呢？怎么意味着成长？

通常，我们必须把集体目标当成自己的个人目标，例如在新产品发布、结构重组或公司合并期间。为使所有团队成员（包括我们自己）进入状态、全力以赴，我们需要探究集体目标的实现，如何惠及所有参与者（通过工作保障、奖金、弹性工作时间、激动人心的新项目、加薪、升职、缩短上下班时间、减轻压力等等）。

如果团队成员认为值得努力争取成长，他们就会更乐意接受挑战，以拥护集体目标。在强调目标背后的原因时，请包括成长六要素。

无论目标是达成销售额、买新车，还是更有效地接听客服电话、完成财务报表，我们都必须寻找方法，使目标在某方面对我们意味着成长。在个人目标的指引下，我们才能保持承诺，去实现它。我们为什么要实现目标，远比目标本身重要得多。

3. 以成长为本的目标，是以现在时态陈述的。

以现在时态陈述目标，等于告诉潜意识：我们有承诺，目标不会永远停留在将来。不要说"我将会有钱"，要说"我是有钱人"。这样一来，我们的头脑拥有了目标，视目标为现实（而非可能），并努力去使之成真。

胜兵先胜而后求战，败兵先战而后求胜。

——孙子

潜意识选择阻力最小的路径。如果我们这样写："我将无债一身轻。"潜意识就不为所动，因为"将"字把目标的实现推迟到无限期的将来。当我们把一个目标当作已经实现、已经成真那样来打造时，我们的头脑就希望它发生。例如：

- 我知道怎么做……
- 我拥有……
- 我体重……斤，腰围……尺。
- 我和家人正在……
- 我觉得……

以现在时态陈述的、精心打造的目标，起着自我肯定的作用。要把自我肯定当做强大的个人广告，一遍一遍地把你和你的生活情况告知自己。不要对自我肯定抱有任何偏见——人人都会自我肯定。我们无时无刻不在自我肯定。只可惜，它们常常是自我批评和自我设限：

- 我太胖。
- 我不是个好销售。

- 我对投资一无所知。
- 我老爱写错别字。
- 我总是疲倦。
- 我命里无财。

务必留意你在嘴上或在心里对自己说的关于自己的话，因为你终归会被自己说中。就像俗话说的："你觉得自己会成为什么样的人，你就会成为什么样的人。"

用你的大脑对付你自己，是件可怕的事情。

4. 以成长为本的目标，是详细的、可量度的。

只有目标详细具体，我们才能量度并追踪成长。打造目标务必有明确生动的结果，以便我们能确定自己正在成长，而非仅仅改变。

含糊、笼统、自相矛盾的目标，催生含糊的行动和含糊的结果。具体的目标，催生具体的行动和具体的结果。我们给予潜意识关于意图、希望、目标的信息越多，正确的下一步就越清晰，我们的行为就会越专注。详述目标即使很费笔墨，也不要紧，关键是要让自己的意图水晶般清晰。

比如，"我有一份新工作"就太笼统，没太大帮助，当然也不带劲儿。很多人都能在一周甚至一天内找到新工作，只不过这份工作很可能与我们的技能不相配，挣得也不多，甚至不是我们喜欢的，但我们可以找到一份工作。所以务必要具体：

- 属于什么行业？是什么职位？有什么职责？
- 挣多少钱？福利如何？有年假吗？
- 经常出差吗？上下班花多长时间？
- 公司配车吗？能在家办公吗？
- 老板和同事都是什么样的人？

这种"规格表"可以列得很长。笼统的目标难以促使我们行动。当然，打造尽可能详细的目标很费时间，但至关重要。对目标的改写、润色、加减、摆弄等，是完全可以的。

描述我们想要什么、为什么想要精细到荒谬的程度，有助于鼓舞干劲，推动我们朝着目标成长，避免在无数其他选择上费神，为如何投入时间和精力而苦恼。

5. 以成长为本的目标，是措辞积极的。

言语承载着巨大力量。打造的目标应该把我们的意识和潜意识专注于以后的成长，而非过去的问题和局限。因此，我们打造的目标应该专注于我们想要的，而非我们不想要的。

任何负面话语都渗透着失落、焦虑和悔恨，因为令人想起过去的弱点或失败。这样反反复复，造成心理障碍，限制人们的思维和行为模式。当我们以失败者的论调说"不能"、"不会"、"不行"、"绝不"的时候，最好慎之又慎。我们需要重新措辞陈述目标，去除所有负面词语，使用可信的正面词语。

不要写："我不吃垃圾食品。"要写："我要健康饮食，只吃对我有益的食物。"然后列出健康食品，挑出对你有益的健康选择。

不要写："我不会熬夜，睡过头，上班迟到。"要写："我每晚 10 点半上床睡觉，每天准时上班。"然后列出五种早睡早起使人健康、富有又聪明的结果。这里已给出三种了。感谢富兰克林！

从积极视角打造目标，会提高我们的期望值，激发主观能动性。我们让潜意识替我们工作，拓宽了选择余地，让事情显得有可能、更可行。

潜意识不评判、不理论，只执行我们的指令。我们在意识和潜意识里撒播的画面越积极，收获的结果就会越积极。

6. 以成长为本的目标，是有期限的。

对于衡量并追踪成长来说，期限至关重要。很多人浪费大量时间谈论自己有朝一日想做什么，拥有什么，成为什么。有朝一日不是个日子。

没有截止日期，就没有今日事今日毕的强烈动力。有了具体时间表，我们就有了干劲、动力和紧迫感，让自己动起来。成就还是拖延？定个期限，行动起来，免得太晚。

缺少完成期限，我们只是打造飘忽不定的空想。我们永不付诸行动，是因为觉得任何时候开始都行。一张实际的时间表有助于落实目标，使之实现。将目标落实在现实的时间框架内，可以点燃行动热情，让潜意识动起来。

很多人拥有太多的目标，到头来各个都抓瞎，不如以激光般的精准度和不懈的努力，去追求两三个目标。为目标设定完成日期，有助于我们确定，哪些目标值得现在投入大部分的时间和精力去达成。

我们常常发现，自己低估了达成目标所需的时间、精力和知识。我们耗尽了耐心和热情，或迷失了追求目标的动机。

如果目标有实际的期限，加上我们保持承诺，大多数目标都能实现。如果无法在时间框架内达成，我们可以设定新的完成日期。

对大多数人来说，最大的危险并不是目标太高难以企及，而是目标太低触手可及。

——米开朗基罗

打造并承诺于以成长为本的目标。

每天活在成长中。

承诺于成长

实现目标最困难之处，不是打造目标，甚至不是了解如何去实现目标。真正的挑战在于，保持始终如一的激情和明白为什么。明白目标背后的动机，能将激情导入正确的方向，至少导入某个方向。

我们之所以采取某种行动，是因为：此时此刻，我们相信那种行动较之其他选择，从短期或长期来看，会使我们更为强烈地感受成长六要素。无论我们打造什么目标，它都必须赫然屹立于我们心中，以促使我们不断努力去实现。

实现你精心打造的目标，与你可能采取的其他行动相比，会给你带来更多愉悦、心安、利润、荣誉、躲避痛苦和力量吗？为什么会？为什么不会？

这个概念简单，却不易行。在每天 24 小时都实践这个概念是困难的，甚至是不可能的。常见的情形是，一天开始的时候，我们决心去做这，不做那，等到晚上，我们却发现，自己做了那，而没做这。并不是我们疏忽了，糊涂了，而是随着时间的推移，我们最初的专注点发生了转移，其他事务变得更有吸引力，占据优先地位，显得更为紧迫了。

我们也许会停止追求某个特定目标，
但我们永远向着让我们感受到
心安、愉悦、利润、荣誉、躲避痛苦和力量的结果靠近。

尽管我们时刻提醒自己能够并且应该好好利用时间和金钱，还是容易分心，偏离目标。我们的头脑很容易被采取别的行为所带来的即时满足而吸引，甚至是答应追求别人的目标。几乎每一种行为都有一定的好处，哪怕好处多么不起眼。

- 吃甜甜圈有好处吗？

愉悦，短期躲避痛苦。

- 不吃甜甜圈有好处吗？

愉悦、躲避痛苦、力量、荣誉和利润。

- 一天花十二小时工作或发展生意，有好处吗？

- 休假一天或一周，有好处吗？

- 早起有好处吗？

- 睡懒觉有好处吗？

- 事必躬亲有好处吗？

- 分派任务有好处吗？

- 做运动有好处吗？

- 不做运动有好处吗？

承诺是时时刻刻的决定。时刻提醒自己，通过实现我们打造的目标，我们将享受到愉悦、心安、利润和荣誉，且将躲避痛苦，从而催生出实践、追求和行动的信念和动机。

有了信念的力量，就无所谓牺牲。

——佩·班娜塔（美国摇滚女星）

我们生活在一个事事讲究快速的世界里。我们身边充斥着获得某种程度的即刻满足的机会。想愉悦肠胃吗？餐饮店满大街都是。想放松心情吗？打开电视吧。

我们可选择无数种方式去走容易的路，去取得没那么好的成长。缺少个人的、健康的、短期和长期的个性化目标，我们迫于一点压力，就屈从于人或环境，受制于任何冠冕堂皇的理由。伴随目标而来的成长六要素，在我们的头脑中闪烁的光芒，必须盖过我们此时此刻可以做的其他任何事情的好处。

不要提醒自己有一个目标。

- 要提醒自己目标的好处。

不要向生意对象说一大通关于你产品的事情。

- 要告诉他们，你的产品如何帮助他们成长。

不要提醒销售人员销售目标。

- 要提醒他们，实现销售目标后赚到的钱或赢得的奖励。

不要提醒团队成员需要改变。

- 要提醒他们，通过改变可以实现的成长。

大力宣传目标的好处，是有帮助的。把种种好处张贴在你看得见的地方。有效的广告宣传向我们展示的不是产品，而是产品或服务如何积极影响我们的生活——比如，帮助我们躲避痛苦或获得愉悦。

广告并不是昙花一现。广告商不断提醒我们，他们的产品和服务有什么好处。广告商明白重复、重复、再重复的力量。我们必须不断提醒有关各方，为什么目标（公司目标、销售目标、安全目标或个人目标）对成长至关重要。

- 你会如何宣传你精心打造的目标？

你可以将理由随身携带。演员金凯利刚出道的时候，给自己签了一张千万美元的演出服务费支票。辗转好莱坞片场试镜的许多年间，他一直把这张支票放在钱包里随身携带，用来提醒自己为什么做演员。

我们不是忘了我们的目标，
而是忘了它们为什么是我们的目标。
我们的目标，必须是人生宴席上最美味的东西。

每天活在成长中。

思考和成长：承诺于成长

1. 实现你精心打造的目标，会给你带来愉悦吗？与你可以选择花时间去做的其他任何事情相比，会带来更大的愉悦吗？

2. 实现你精心打造的目标，会给你带来内心安宁吗？与你可以选择花时间去做的其他任何事情相比，会带来更大的安宁吗？

3. 实现你精心打造的目标，会给你带来利润吗？与你可以选择花时间去做的其他任何事情相比，会带来更大的利润吗？

4. 实现你精心打造的目标，会给你带来荣誉吗？与你可以选择花时间去做的其他任何事情相比，会带来更大的荣誉吗？

5. 实现你精心打造的目标，会帮助你躲避痛苦吗？如果你不实现该目标，你可能会感到什么痛苦？哪个更痛苦：是现在自律，还是以后后悔？

6. 实现你精心打造的目标，会给你带来力量吗？与你可以选择花时间去做的其他任何事情相比，会带来更大的力量吗？

7.　你需要改掉什么习惯，以实现这个目标？ 为什么要改？

8.　你需要养成什么新习惯？

两个最重要的问题：

1.　你是否承诺于这个目标？ 为什么？

2.　你如何不断提醒自己打造这个目标的理由？

成长需要持之以恒

世界上没有任何东西能取代恒心。

——卡尔文·柯立芝（美国前总统）

个人、职业、社会的成长，都需要坚持不懈的行动。除非与巨大恒心相结合，否则再远大的目标、再伟大的思想、再宏大的计划、再强大的技能都是无用的。恒心是激情的副产品。激情引发孜孜不倦的追求。为保持激情，我们必须不断提醒自己，我们期望通过努力获得什么好处。

你知道吗？

没有计划，也能实现目标。它也许花费我们更长时间，但是只要我们保持承诺，终究会有成长。没有计划的危险在于，向着目标成长的过程越长，我们就越容易转而寻觅或屈就其他途径，试图更快地感受成长六要素。请注意，我说的是其他途径，而非更好的途径。我说的是试图感受，而非感受。

没有计划，我们就容易灰心、放弃。"看不到目标"意味着对目标不够清晰，坚守得不够持久，因而难以实现。计划有助于我们更快、更有效地实现精心打造的目标，免得浪费资源，或不知所措。

比如我想去旅行：

从：俄亥俄州哥伦布市（厄玛·露易丝·菲斯特在那里度过少女时代，后来成为家喻户晓的厄玛·邦贝克）。

至：密苏里州汉尼拔镇（萨缪尔·克莱门斯在那里度过少年时代，后来成为家喻户晓的马克·吐温）。

也许我期待展开一次故居之旅，重点探访美国伟大人物童年生长的地方。总之，我准备启程，我的钱包鼓鼓囊囊，于是我钻进汽车，系上安全带。万事俱备，只欠计划：没有地图、没有导航，没有行程。我有满满一箱汽油，于是我转动钥匙，发动汽车。我铁了心要去汉尼拔镇。

我最终会抵达汉尼拔吗？

如果我足够坚持不懈，我最终将会抵达汉尼拔的。也许要花一周时间，也许我会花光所有的钱，不得不卖掉汽车，然后搭便车走完剩下的 75 英里，但是如果我足够坚持不懈，我终将抵达汉尼拔。

有了计划，我会快很多抵达目的地，不必到处问路，不至于花光钱或搭便车。然而，使目标成为现实的并不是计划，而是坚持不懈的行动。而催生并维持行动的，则是强大的内心动机。

别误解我的意思。我坚信计划的作用。但是，计划定得再好，如果没有恒心，也不会把我们带到目的地。

念念不忘目标背后的理由，能促使我们保持承诺，迅速摆脱失败的阴影，果断改变努力的方向。

有一句日本谚语，是"七转八起"。这句格言的意思是，最后的成功者是那些"七次跌倒，第八次站起来"的人。

创造奇迹是艰苦的。
在奇迹发生之前，大多数人就放弃了。

——雪儿·克罗（美国摇滚女星）

我们越专注于产生目标的强烈动机，就越会采取坚决行动，去实现目标。关键在于，不要让追求其他目标的动机分散我们的注意力，或更强烈。我们必须把自己的关注点，以及我们员工、我们客户的关注点，锁定在目标完成所带来的成长六要素上。

脑筋急转弯

一根树桩上蹲着五只青蛙，三只决定跳走。

问：树桩上还有几只青蛙？

答：五只。

决定不等于行动。

决定打销售电话吗？

你可能已决定要打销售电话，甚至可能在大脑中演练得相当好，但是在你拿起电话拨号之前，你都算不上在打销售电话。

我们不能陷入追求完美的误区。

活在成长中，不需要十全十美。

技术、计划和行动可以随时改进。

成长无需完美，只需坚持

事情难免出岔子。错失的机会，不应该变成巨大的心理包袱。自怜不是成长中介的特征。我们必须把挫折转化为有益的教训。大多数成功人士坦言，从失败中学到的，比从成功中学到的要多，因为他们渴望了解错在哪里，避免重蹈覆辙。

坚持不懈，不等于顽固不化。如果付出的努力毫无成效，我们必须采取新方法。试想，排除了又一种行不通的念头，成长之路岂不是更畅通？事情出差错的时候，我们不妨让大发明家爱迪生给我们指明道路。在发明电灯泡的过程中，爱迪生经历了数千次失败的尝试，有人问他当时有没有灰心丧气，他回答说："我干嘛觉得那是失败呢？我干嘛放弃呢？我现在确切知道 9000 多种无法点亮电灯泡的方式。"定期调整计划。至关重要的是，要建立错误反馈机制，即使只有自己反馈。

向着精心打造的目标，用行动来充实每一天。行动起来。如果我们偏离了路线，必须承认追求其他目标的动机，已在我们心中占了上风。此时应该问问自己：为什么？

如果我们目标的应许无法继续激发行动，我们就需要检查自己的内心。

它们还是不是我们的目标？

目标背后的理由，是否足够强烈，以激励我们坚持到底？

> 人真正需要的并非不紧张，而是为了某一个值得的目标而奋斗挣扎。他所需要的不是不惜任何代价地消除紧张，而是唤醒那等待他去实现的潜在意义。
>
> ——维克多·弗兰克

朝着目标迈出的每一步，都是成长。赏识自己为坚持到底所做的一切，感激那些帮助和支持我们的人，这对我们大有益处。想办法享受这一过程。给自己鼓劲。奖励自己。我们面对的，是自己的人生。

行动起来。成长需要持之以恒。
每天活在成长中。

成长挑战小测验

谁说了这句话？是邦贝克，还是吐温？（答案见第210页）

"上帝造了人，但我能做得更好。"

"有些人把梦想放进一个小盒子里，说：'我是有梦想的，我当然是有梦想的。'然后他们把盒子收起来，偶然取出来，看看里面，说，哦，梦想还在里面。"

"欢笑和痛苦、喜剧和悲剧、幽默和伤害之间只有一线之差。"

思考和成长：成长需要持之以恒

1. 你如何提醒自己实现目标的好处？

2. 你今天向着目标采取了什么行动？

3. 你今天能采取什么行动，朝着你精心打造的目标成长？

4. 为实现目标，你会减少或取消哪些活动？

5. 为了成长，你需要做什么、学什么或成为什么？

6. 你将如何开始获取成长所需的新技能？

7. 你需要跟哪些新人建立关系？

8. 什么行得通？你学到了什么？

9. 你有什么新的困难？

10. 你将如何变得更有恒心？

成长挑战小测验答案

谁说了这句话？是邦贝克，还是吐温？

这三句话都是厄玛·邦贝克说的。

为了平衡，下面给出三句马克·吐温说的话，当成厄玛说的也未尝不可。

"人不值得骄傲；总有什么在暗中等待，打消那股傲气。"

"只有在词典里，成功才出现在努力工作前面。"

（译者注：字典中，英文的单词成功 success，排在努力工作 work 的前面）

"成千上万的天才在世上走过一遭，却被埋没了——不是被自己，就是被他人。"

敢想敢做

《能干的小火车头》是沃利·派泊写的一本经典儿童书。一天晚上，我在听大女儿索菲亚给她妹妹埃拉朗读这本书，忽然发现这个小故事很有教益。派泊先生在书里讲到，一个红色小火车头拉着一列车厢，满载好东西，要送给山那边的男孩女孩。

忽然，小红火车头在半路坏掉了。一个玩具小丑跳下小火车，请求路过的大火车帮忙。

有两列火车拒绝帮忙，都觉得自己太大、太重要，不屑于拉玩具和糖果。

第三列火车锈迹斑驳，认为自己太老、太累，帮不上忙，于是吱吱嘎嘎地开走了，还咕哝着："我不行。我不行。我不行。"

最后，一个蓝色的小火车头开过来，看见小丑招手就立刻停下，开口便问："有什么事，我的朋友？"

小丑说出了遇到的麻烦，小蓝火车头解释说，自己从未去过山那边。这时，她看见玩具娃娃眼里涌出泪珠，又想到如果自己不帮忙，山那边的孩子们就没有玩具可玩，也没有好东西可吃了。她望着那座山说："我想我能行。我想我能行。

我想我能行。"

小蓝火车头挂住那一小列车厢，然后又拽又拉，又拉又拽。慢慢地，小火车向前进了。

哼哧哼哧，吱嘎吱嘎，小蓝火车头开动了。我想我能行。我想我能行。我想我能行。我想我能行。我想我能行。我想我能行。我想我能行。我想我能行。我想我能行。

——沃利·派泊《能干的小火车头》

小火车往山上开，慢慢吞吞地爬到山顶上。到了山顶，玩具们欢呼起来。下了山，与车厢脱节后，小蓝火车头吱吱呀呀地开走了，还欢快地说："我料到我能行。我料到我能行。我料到我能行。"

相信自己有力量成长，这种信念是成长的一大要素。记住，我们的大脑想要正确——无论我们相信什么，大脑都会努力使之成真。然而，小蓝火车头并不是只说一遍"我想我能行"。她说了一遍又一遍，一遍又一遍。反反复复，反反复复。

你认为，小蓝火车头下一次遇到拉车厢翻山的请求时，会说什么呢？

她会说"我想我能行"吗？

我认为不会。她会说："好！我能行。"

而且，小蓝火车头并不是说完"我想我能行"，就溜之大吉的；她说完，就立刻挂上那一小列车厢，然后又拽又拉，又拉又拽。要在这个快速改变的世界里成长，就必须说做就做。磨磨蹭蹭可不行！

小蓝火车头必须又拽又拉，才能实现目标。为了爬上山顶、达到你精心打造的目标，你和你的企业需要采取的某些成长性步骤，会不会很痛苦呢？当然。

请再次考虑，哪个令你更痛苦呢：是自律，还是后悔？

最重要的是，小蓝火车头有强烈的理由。她看见玩具娃娃眼里涌出泪珠，想着如果不帮忙，山那边的孩子们就没有玩具可玩，没有好东西可吃。如果不帮忙，她会感到痛苦；如果帮忙，她就会获得愉悦、荣誉和力量。

培养强烈的理由，以便采取有力的行动。时常提醒自己，实现你和企业的目标，将为你的生活带来什么好处。帮助他人培养强烈的动机，这样他们也会选择采取有力的行动。

- 确定你的成长参数。

- 承诺于精心打造、基于成长的目标。
- 停止改变，开始成长。
- 发现他人的成长参数。
- 赢得并维护客户的忠诚。
- 成为生意磁石，相信你能帮助他人成长。
- 停止。迎接。行动。
- 专注于成长，不苛求完美。
- 相信自己。哼哧哼哧、吱嘎吱嘎地前进。

成长就是向前迈进。迈出今天的一步。改变是人性，成长是神圣。

迎接成长的挑战。
每天活在成长中。

作者简介

迪恩·林赛是一位有魅力、受欢迎的商业咨询师和演讲家，是个人潜能和创造业绩增长的权威，是维克多·弗兰克意义治疗学会和美国培训与发展协会的热心会员。迪恩被国际演讲协会评为杰出演讲家。

迪恩在加州大学洛杉矶分校和达拉斯大学的MBA课程、以及国际客户管理学院担任客座讲师。他是众多商业出版物的特邀撰稿人。

迪恩热爱长跑，参加过多次马拉松赛。迪恩和他的妻子莉娜，以及两个美丽活泼的女儿索菲亚和埃拉，生活在美国达拉斯。